FACHBUCHREIHE
für wirtschaftliche Bildung

Schwerpunkt Gesamtwirtschaft
Kaufmännische Berufsschule

Kompetenzbereich II
Wirtschaftliches Handeln in der Sozialen Marktwirtschaft analysieren (VWL)

Grundlagenwissen • Lernsituationen • Übungsaufgaben

1. Auflage

von

Ulrich Bayer

VERLAG EUROPA-LEHRMITTEL
Nourney, Vollmer GmbH & Co. KG
Düsselberger Straße 23
42781 Haan-Gruiten

Europa-Nr.: 92724

Verfasser:

Ulrich Bayer   Studiendirektor, Dipl.-Handelslehrer

1. Auflage 2017

Druck 5 4 3 2 1

Alle Drucke derselben Auflage sind parallel einsetzbar, da bis auf die Behebung von Druckfehlern untereinander unverändert.

ISBN 978-3-8085-9272-4

Alle Rechte vorbehalten. Das Werk ist urheberrechtlich geschützt. Jede Verwertung außerhalb der gesetzlich geregelten Fälle muss vom Verlag schriftlich genehmigt werden.

© 2017 by Verlag Europa-Lehrmittel, Nourney, Vollmer GmbH & Co. KG, 42781 Haan-Gruiten
http://www.europa-lehrmittel.de

Umschlag und Satz: Satz+Layout Werkstatt Kluth GmbH, 50374 Erftstadt
Umschlagmotiv: © Natalya Guskova – stock.adobe.com
Umschlagkonzept: Tiff.any GmbH, 10999 Berlin
Druck: Konrad Triltsch Print und digitale Medien GmbH, 97199 Ochsenfurt-Hohestadt

INFORMATIONEN ZU DIESEM BUCH

INHALT

Diesem Buch liegt der Bildungsplan des Landes Baden-Württemberg für die vier **Kompetenzbereiche** (I, II, III, IV) der **kaufmännischen Berufsschule** zugrunde. Es handelt sich dabei um

- die Berufsfachliche Kompetenz – Schwerpunkt Gesamtwirtschaft (GW) bzw.
- den Prüfungsbereich Wirtschafts- und Sozialkunde (WiSo).

Seit dem Schuljahr 2014/15 werden einheitlich in den folgenden lernfeldorientierten Ausbildungsberufen die jeweils angeführten Kompetenzbereiche (I, II, III, IV) unterrichtet bzw. geprüft.

- Fachlagerist/Fachlageristin — I–II
- Verkäufer/Verkäuferin — I–II
- Drogist/Drogistin — I–III
- Fachkraft für Kurier-, Express- und Postdienstleistungen — I–III
- Fachkraft für Lagerlogistik — I–III
- Kaufmann für Tourismus und Freizeit/Kauffrau für Tourismus und Freizeit — I–III
- Kaufmann für Versicherungen und Finanzen/Kauffrau für Versicherungen und Finanzen — I–III
- Kaufmann im Einzelhandel/Kauffrau im Einzelhandel — I–III
- Servicefahrer/Servicefahrerin — I–III
- Immobilienkaufmann/Immobilienkauffrau — I–IV
- Industriekaufmann/Industriekauffrau — I–IV
- Kaufmann für Kurier-, Express- und Postdienstleistungen/Kauffrau für Kurier-, Express- und Postdienstleistungen — I–IV
- Kaufmann für Marketingkommunikation/Kauffrau für Marketingkommunikation — I–IV
- Kaufmann für Spedition und Logistikdienstleistung/Kauffrau für Spedition und Logistikdienstleistung — I–IV
- Kaufmann im Groß- und Außenhandel/Kauffrau im Groß- und Außenhandel — I–IV
- Medienkaufmann Digital und Print/Medienkauffrau Digital und Print — I–IV
- …

In diesem Lehr- und Arbeitsbuch werden die **volkswirtschaftlichen Inhalte** aus **Kompetenzbereich II** „Wirtschaftliches Handeln in der Sozialen Marktwirtschaft analysieren" dargestellt.

Informationen zu diesem Buch

GLIEDERUNG

Jedes Kapitel besteht aus einer Kapitelübersicht und drei Teilen.

Kapitelübersicht

Die Kapitel beginnen jeweils mit einer Übersicht, welche die kompetenzbasierten Zielformulierungen des Bildungsplans sowie eine tiefergehende Gliederung enthalten. Des Weiteren veranschaulicht eine bildhafte Darstellung den Inhalt des Kapitels.

A Grundlagenwissen

Das Grundlagenwissen stellt die aus den Lehrplanvorgaben abgeleiteten Inhalte auf der Sachstrukturebene in didaktisch aufbereiteter Form dar. Im Rahmen der Stoffauswahl wurde in Anbetracht der verfügbaren Unterrichtszeit und der methodischen Herausforderungen der Lernfelddidaktik auf nicht lehrplankonforme Inhalte verzichtet. Beispiele, Merksätze und Visualisierungen sollen das Verständnis der Schülerinnen und Schüler erhöhen.

B Lernsituation

Die Gestaltung der Lernsituationen berücksichtigt die Vorgaben der **Lernfelddidaktik.** Die Schülerinnen und Schüler bearbeiten nach dem **Prinzip der vollständigen Handlung** authentische oder realitätsnahe problemhaltige Handlungs- oder Entscheidungssituationen. Das zu erarbeitende Wissen ist in diesen **Handlungskontext** eingebettet. Neue Begriffe, Modelle und Theorien werden als Beitrag zur Lösung der Handlungs- oder Entscheidungssituationen deutlich und so der Anwendungsbezug des Wissens sichergestellt.

Die Schülerinnen und Schüler nehmen dabei unterschiedliche **Rollen** ein (Beschäftigte, Verbraucher, Wirtschaftsbürger). Das **Handlungsergebnis** wurde nach Möglichkeit lösungsoffen gehalten, sodass im Rahmen der Besprechungen im Klassenverband Diskussionsbedarf entsteht und die Lehrkräfte die Handlungsergebnisse generalisieren können.

C Übungsaufgaben

Die Übungsaufgaben beziehen sich auf das Grundlagenwissen und decken unterschiedliche Kompetenzbereiche ab. Zur besseren Orientierung werden die Aufgabenstellungen mit kompetenzbasierten Überschriften gekennzeichnet. Gesondert ausgewiesene Zusatzaufgaben bieten die Möglichkeit einer **Binnendifferenzierung.**

BEGLEITMATERIAL

Ergänzend zu diesem Lehr- und Aufgabenbuch gibt es eine **Begleit-CD (Europa-Nr. 24817)** mit folgenden Materialien:

- Zusammenfassende Übersichten zu den einzelnen Unterrichtseinheiten.
- Kopiervorlagen für Arbeitsblätter zur Aufgabenlösung.
- Ausführlichen Lösungen zu den Lernsituationen und Übungsaufgaben.

Verfasser und Verlag sind für Verbesserungsvorschläge dankbar.

Offenburg, Sommer 2017

Ulrich Bayer
E-Mail: ulrichbayer@kabelbw.de

INHALTSVERZEICHNIS

1. Darstellung der wechselseitigen Beziehungen der Wirtschaftsteilnehmer mithilfe des Modells des Wirtschaftskreislaufs 7

2. Das Bruttoinlandsprodukt: Ermittlung im Rahmen der Entstehungs-, Verwendungs- und Verteilungsrechnung 21

3. Kritik am Bruttoinlandsprodukt als Maßstab für den Wohlstand eines Landes und alternative Wohlstandsindikatoren 35

4. Grundgedanken und Ordnungsmerkmale der Sozialen Marktwirtschaft 45

5. Zusammenarbeit und Zusammenschluss von Unternehmen – Notwendigkeit einer staatlichen Wettbewerbspolitik 59

6. Bedeutsamkeit von Märkten 71

7. Preisbildung auf Wettbewerbsmärkten (Polypol) 77

8. Anpassungsprozesse vom Marktungleichgewicht zum Marktgleichgewicht (Preismechanismus) 85

9. Staatliche Eingriffe in die Preisbildung auf Wettbewerbsmärkten 93

10. Preisentscheidungen des Angebotsmonopolisten 103

11. Verhaltensweisen der Anbieter beim Oligopol 113

Anhang 120

Sachwortverzeichnis 121

Wirtschaftliches Handeln in der Sozialen Marktwirtschaft analysieren

Kompetenzbereich

II

UNTERRICHTSEINHEIT 1:

DARSTELLUNG DER WECHSELSEITIGEN BEZIEHUNGEN DER WIRTSCHAFTSTEILNEHMER MITHILFE DES MODELLS DES WIRTSCHAFTSKREISLAUFS

Kompetenzbeschreibung des Lehrplanes:

„Die Schülerinnen und Schüler stellen die wechselseitigen Beziehungen der Wirtschaftssubjekte mithilfe des Modells des Wirtschaftskreislaufs grafisch dar (Sektoren: Unternehmen, Haushalte, Staat, Ausland, Vermögensänderung) und analysieren die Auswirkungen von Veränderungen gesamtwirtschaftlicher Größen auf ihr Unternehmen."

① Mal angenommen, Sie sehen so aus (oder auch anders) …
② … und Sie verdienen Geld bei einem regional ansässigen Betrieb …
③ … und kaufen …
④ … kaufen oder lassen fertigen …
⑤ … bei regionalen Betrieben, Handwerkern usw.
⑥ Durch diesen Kreislauf schaffen und sichern Sie Arbeitsplätze in der Region – nicht zuletzt Ihren eigenen!
⑦ Kaufen Sie nicht in der Region, verlässt das Geld den Kreislauf und geht der Region verloren.

A Grundlagenwissen

1. Modelle als vereinfachte Darstellung der Wirklichkeit 8
2. Modell: Einfacher Wirtschaftskreislauf einer stationären Volkswirtschaft 9
3. Modell: Einfacher Wirtschaftskreislauf einer evolutorischen Volkswirtschaft 10
4. Modell: Erweiterter Wirtschaftskreislauf 11
5. Die Sektoren Staat und Ausland als Wirtschaftsteilnehmer 12
6. Auswirkungen von Veränderungen gesamtwirtschaftlicher Größen 14

B Lernsituation

Wechselseitige Beziehungen der Wirtschaftsteilnehmer mithilfe des Modells des Wirtschaftskreislaufes grafisch darstellen 15

C Übungsaufgaben 18

1 DARSTELLUNG DER WECHSELSEITIGEN BEZIEHUNGEN DER WIRTSCHAFTSTEILNEHMER MITHILFE DES MODELLS DES WIRTSCHAFTSKREISLAUFS

A GRUNDLAGENWISSEN

1 MODELLE ALS VEREINFACHTE DARSTELUNG DER WIRKLICHKEIT

Deutschland ist eine arbeitsteilig organisierte Geldwirtschaft. Die Menschen haben sich im Zuge der **Arbeitsteilung** auf die Ausübung bestimmter Tätigkeiten (z. B. Berufe) spezialisiert. Die in den Unternehmen geschaffenen Güter werden auf Märkten gehandelt. Es gibt Anbieter (Verkäufer) und Nachfrager (Käufer) von Gütern; **Geld** übernimmt als Tausch- und Zahlungsmittel, als Wertaufbewahrungsmittel und als Recheneinheit wichtige Aufgaben.

In Deutschland leben ca. 81,5 Millionen Menschen in ca. 40,2 Millionen Haushalten. Ungefähr die Hälfte der Einwohner arbeiten in privaten Unternehmen oder sind beim Staat beschäftigt. Ca. 3,6 Millionen Unternehmen versorgen die Haushalte mit Gütern, stehen aber auch untereinander in Geschäftsbeziehungen. Die Wirtschaftsteilnehmer sind über ihre Entscheidungen und Aktivitäten auf vielfältige Weise miteinander verflochten. Es besteht eine starke Abhängigkeit.

BEISPIEL
Die Getreidemühle Huber verkauft Dinkelmehl im Wert von 500 € an die Bäckerei Lang.
Die Bäckerei Lang verkauft ein Dinkelbrot für 3 € an Frau Müller.
Frau Müller arbeitet in der Schreinerei Moser als Buchhalterin. Von ihrem Einkommen spart sie monatlich 400 €, den Rest benötigt sie z. B. für Miete und Nahrungsmittel.

Alle Beziehungen zwischen den Wirtschaftsteilnehmern können kaum dargestellt werden, da eine vollständige Abbildung der Wirklichkeit schnell unübersichtlich werden würde. Um trotzdem Erkenntnisse zur Beschreibung und Erklärung der Wirklichkeit zu gewinnen, wird in der Volkswirtschaftslehre (VWL) mit **Modellen** gearbeitet. Modelle sollen den Blick auf das Wesentliche zulassen und das Unwesentliche auf der Grundlage von Annahmen ausblenden. Beim Modell **Wirtschaftskreislauf** werden folgende Vereinfachungen getroffen:

① Gleichartige Wirtschaftsteilnehmer werden zu **Sektoren** zusammengefasst.

BEISPIEL
Die Familien Braun, Roth und Schwartz zählen zum Sektor private Haushalte.
Die Bäckerei Lang und das Elektrofachgeschäft Huber zählen zum Sektor Unternehmen.

② Wirtschaftiche Aktivitäten innerhalb eines Sektors werden nicht berücksichtigt.

BEISPIEL
Ein Sägewerk verkauft Buchenholz im Wert von 2.000 € an eine Schreinerei.
Herr Müller verkauft sein Fahrrad für 300 € an Frau Huber.

MERKE
Zum Sektor **Private Haushalte** gehören Wirtschaftseinheiten, die als Anbieter von Produktionsfaktoren (z. B. Arbeit) Einkommen erzielen (z. B. Lohn) und dieses zum Kauf von Gütern (Konsum) oder zum Sparen verwenden.

Zum Sektor **Unternehmen** gehören Wirtschaftseinheiten, die auf Beschaffungsmärkten Produktionsfaktoren nachfragen, in einem Produktionsprozess durch Kombinationen der Produktionsfaktoren Güter herstellen und diese auf Absatzmärkten anbieten.

2 MODELL: EINFACHER WIRTSCHAFTSKREISLAUF EINER STATIONÄREN VOLKSWIRTSCHAFT

Das **Modell** des Wirtschaftskreislaufes stellt **Güter-** und **Geldströme** zwischen den Wirtschaftsteilnehmern dar. Beim einfachen Wirtschaftskreislauf werden lediglich die beiden Sektoren private Haushalte und Unternehmen berücksichtigt. Die nachfolgende Abbildung zeigt den Fall, dass die privaten Haushalte ihr gesamtes Einkommen für Konsum ausgeben, also **nicht sparen**:

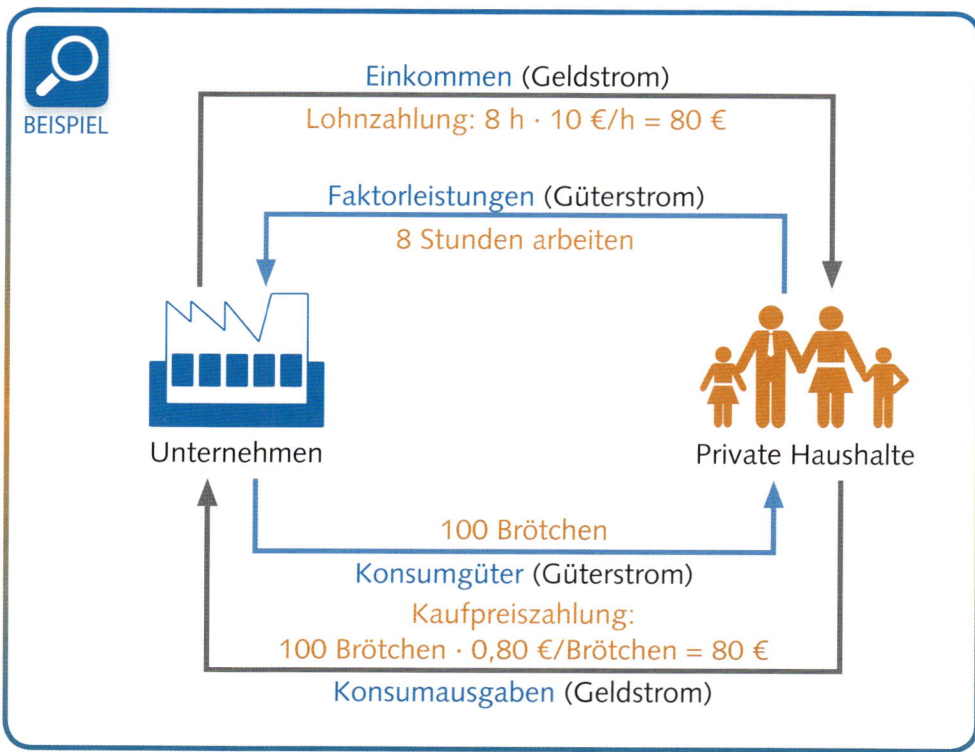

Die privaten Haushalte stellen den Unternehmen die Produktionsfaktoren *Arbeit*, *Boden* und *Kapital* zur Verfügung (**= Faktorleistungen**). Als Gegenleistung erhalten sie von den Unternehmen Löhne, Zinsen, Pachten und ausgeschüttete Gewinne (**= Einkommen**). Die privaten Haushalte geben das in der Volkswirtschaft entstandene Einkommen vollständig für Konsum aus. Im Gegenzug erhalten sie von den Unternehmen **Konsumgüter**.

Geld- und Güterkreislauf zwischen den Sektoren Unternehmen und private Haushalte

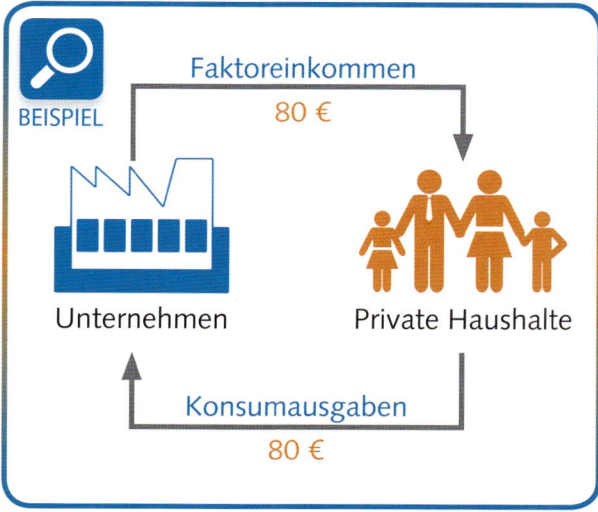

Geldströme im einfachen stationären Wirtschaftskreislauf

Der einfache Wirtschaftskreislauf wird durch zwei Güterströme (Güter- und Faktorleistungen) und zwei den Güterströmen entgegenlaufende Geldströme (Einkommen und Konsumausgaben) gekennzeichnet. Da die Güterströme und die ihnen entgegenfließenden Geldströme wertmäßig gleich groß sind, wird zur Vereinfachung üblicherweise auf die Darstellung der Güterströme verzichtet.

Die Unternehmen ersetzen lediglich die durch Abnutzung der Anlagen eingetretene Wertminderung (**= Ersatzinvestitionen**). Darüber hinausgehende Anschaffungen von Anlagegütern (**= Nettoinvestitionen**) werden nicht vorgenommen. Eine solche Volkswirtschaft kann sich nicht weiterentwickeln, bleibt also wirtschaftlich auf dem gleichen Stand (**= stationär**).

MERKE Der **einfache Wirtschaftskreislauf** ist eine modellhafte Darstellung der zusammengefassten Wirtschaftsbeziehungen zwischen den beiden Sektoren Unternehmen und private Haushalte einer Volkswirtschaft.

Bei einer **stationären** (gleichbleibenden) Volkswirtschaft gibt es kein Sparen und keine Nettoinvestitionen.

3 MODELL: EINFACHER WIRTSCHAFTSKREISLAUF EINER EVOLUTORISCHEN VOLKSWIRTSCHAFT

Wenn die privaten Haushalte einen Teil ihres Einkommens **sparen,** stimmen Einkommen und Konsumausgaben der privaten Haushalte betragsmäßig nicht mehr überein. Um den Geldkreislauf wertmäßig zu schließen, wird in der bisherigen grafischen Darstellung zusätzlich ein Pol aufgenommen, der **Vermögensänderung**[1] genannt wird:

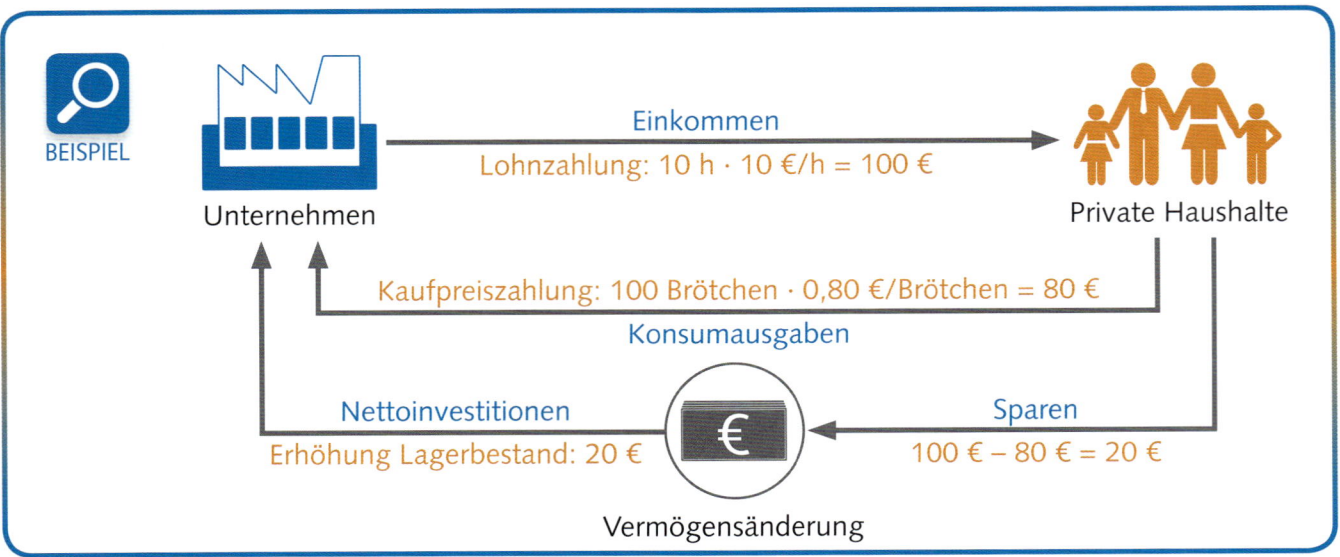

Geldströme im einfachen **evolutorischen** Wirtschaftskreislauf

In den Unternehmen sind die Ausgaben für die Entlohnung der Produktionsfaktoren (Faktorkosten) größer als die Einnahmen aus dem Verkauf der Konsumgüter (Konsumausgaben). Die Differenz stellt eine positive **Nettoinvestition** (z. B. Erhöhung der Lagerbestände) dar.

MERKE

Der Pol Vermögensänderung nimmt die Unterschiedsbeträge zwischen den Zu- und Abgängen (= Salden) der Sektoren auf und schließt dadurch den Kreislauf wertmäßig.

Aus der unterstellten Gleichheit zwischen den Faktorkosten der Unternehmen und dem Einkommen der privaten Haushalte, lässt sich die Gleichheit von Sparen und Investieren ableiten:

Faktorkosten der Unternehmen: **100 GE** (→ Wertschöpfung)		=	Einkommen der privaten Haushalte: **100 GE** (→ Volkseinkommen)	
Verwendung des Produktionsergebnisses			Verwendung des Einkommens	
Konsumgüter **80 GE**	(Netto-)Investitionen 100 GE – 80 GE = **20 GE**		Sparen 100 GE – 80 GE = **20 GE**	Konsumausgaben **80 GE**

Da die **Nettoinvestitionen** der Unternehmen größer als Null sind (z. B. Anschaffung von _zusätzlichen_ Maschinen), kann sich eine solche Volkswirtschaft weiterentwickeln **(= evolutorisch).**

MERKE

Im Rahmen des einfachen Wirtschaftskreislaufes ist eine evolutorische (wachsende) **Volkswirtschaft durch Sparen und positive Nettoinvestitionen gekennzeichnet.**

---

1 Der Pol Vermögensänderung ist kein weiterer Wirtschaftsfaktor und darf nicht aus Vereinfachungsgründen mit dem Bankensystem gleichgesetzt werden. Banken bewirken nicht eine Gleichheit zwischen den Ersparnissen der privaten Haushalte und den Investitionen der Unternehmen. Banken zählen zum Sektor Unternehmen und vergeben Kredite an alle Wirtschaftsteilnehmer.

4 MODELL: ERWEITERTER WIRTSCHAFTSKREISLAUF

Im Gegensatz zum einfachen Wirtschaftskreislauf werden beim erweiterten Wirtschaftskreislauf zusätzlich die Sektoren **Staat** und **Ausland** berücksichtigt. Die nachfolgende grafische Darstellung[1] stellt ausgewählte wirtschaftliche Beziehungen zwischen den vier Sektoren und dem Pol Vermögensänderung dar. Hierbei bleiben Geldströme wie z. B. Zahlung von Entwicklungshilfe des Staates an das Ausland aus Gründen der Übersichtlichkeit unberücksichtigt.

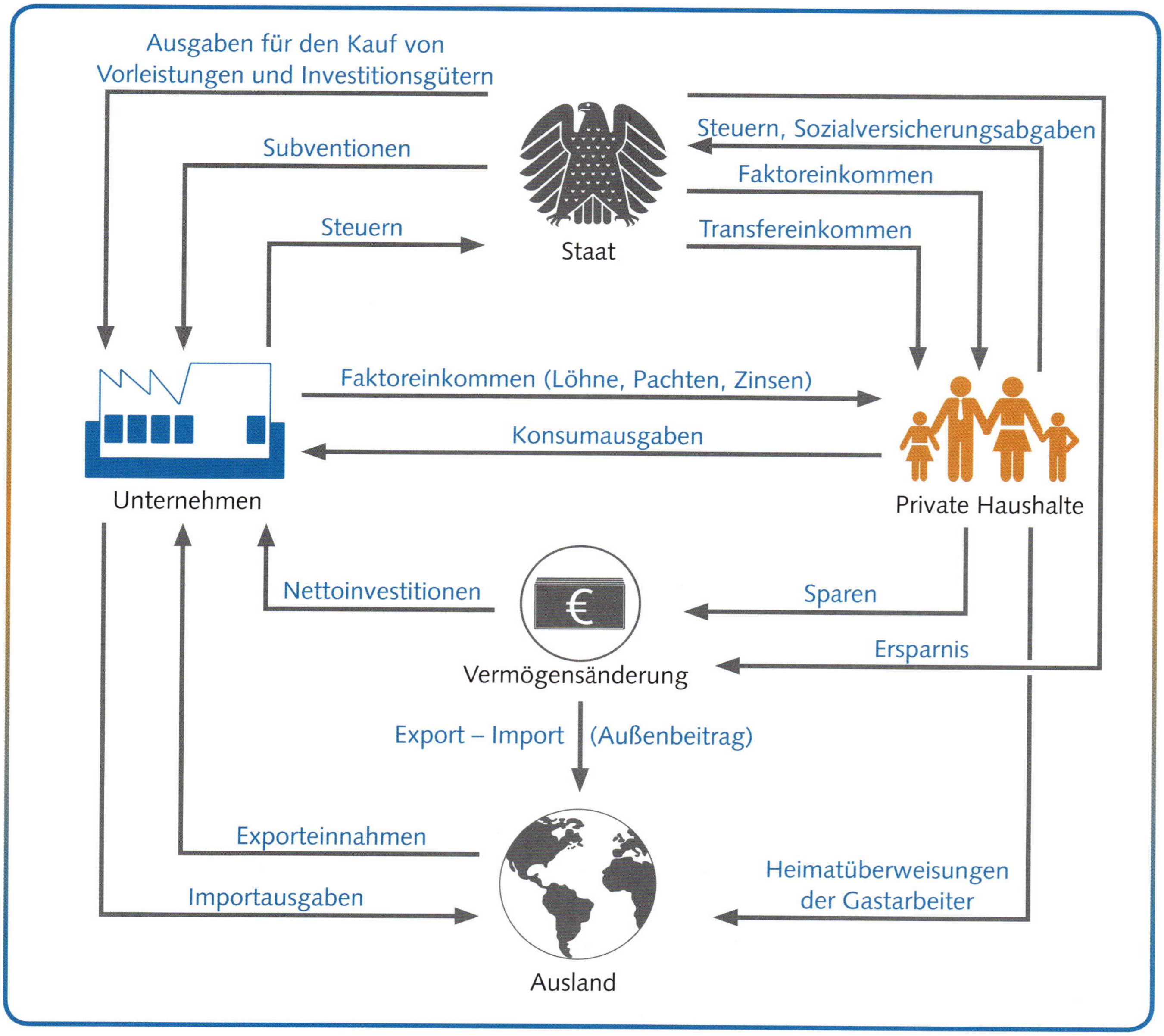

Geldströme in einer offenen Volkswirtschaft mit staatlicher Aktivität

MERKE

Der erweiterte Wirtschaftskreislauf ist eine modellhafte Darstellung der zusammengefassten Wirtschaftsbeziehungen zwischen den Sektoren Unternehmen, private Haushalte, Staat und Ausland.

---

[1] Der Kreislauf ist geschlossen, wenn für jeden Sektor die Summe aller „Zugangspfeile" wertmäßig mit der Summe aller „Abgangspfeile" übereinstimmt. Wenn beispielsweise die Exporteinnahmen 1.000 GE und die Importausgaben 700 GE betragen, würde der Pfeil „Außenbeitrag" in Höhe von 300 GE vom Pol Vermögensänderung zum Konto Ausland verlaufen.

5 DIE SEKTOREN STAAT UND AUSLAND ALS WIRTSCHAFTSTEILNEHMER

MERKE: Zum Sektor Staat gehören der Bund, die Länder und Gemeinden sowie die Sozialversicherungsträger.

BEISPIEL: Sektor Staat: Bundesrepublik Deutschland, Baden-Württemberg, Hessen, Ortenaukreis, Stadt Offenburg, Gemeinde Schutterwald, Bundesanstalt für Arbeit, Deutsche Rentenversicherung.

Bei Einbeziehung des Sektors **Staat** handelt es sich um eine Volkswirtschaft mit staatlicher Aktivität. Zu den wichtigsten Einnahmequellen des **Staates** zählen die Steuern. Der Staat erhebt Steuern von Unternehmen (z. B. Gewerbesteuer), aber auch von privaten Haushalten (z. B. Lohnsteuer).

Die Einnahmen werden u. a. verwendet für Subventionszahlungen an die Unternehmen, Transferzahlungen an die privaten Haushalte, Einkommenszahlungen an die Beschäftigten im öffentlichen Dienst oder die Bezahlung der von den Unternehmen bezogenen Gütern und Leistungen.

BEISPIEL: Ausgaben des Staates: Zahlung der Gehälter und Löhne an Beamte und Angestellte; Zahlung von Kindergeld und Sozialhilfe an bedürftige private Haushalte; Zahlung von Büromöbel für die Verwaltung; Zuschüsse an Unternehmen.

Reichen die Steuereinnahmen nicht aus, um die staatlichen Ausgaben zu finanzieren, nimmt der Staat Kredite auf. Die **Staatsschulden** sind in den letzten Jahren bis 2013 ständig gestiegen. Wie die nachfolgende Abbildung zeigt, gibt es im Bundeshaushalt seit 2014 keine Neuverschuldung. Dies war das erste Mal seit dem Jahr 1969, dass ein Haushaltsjahr mit einer „schwarzen Null" abgeschlossen wurde.

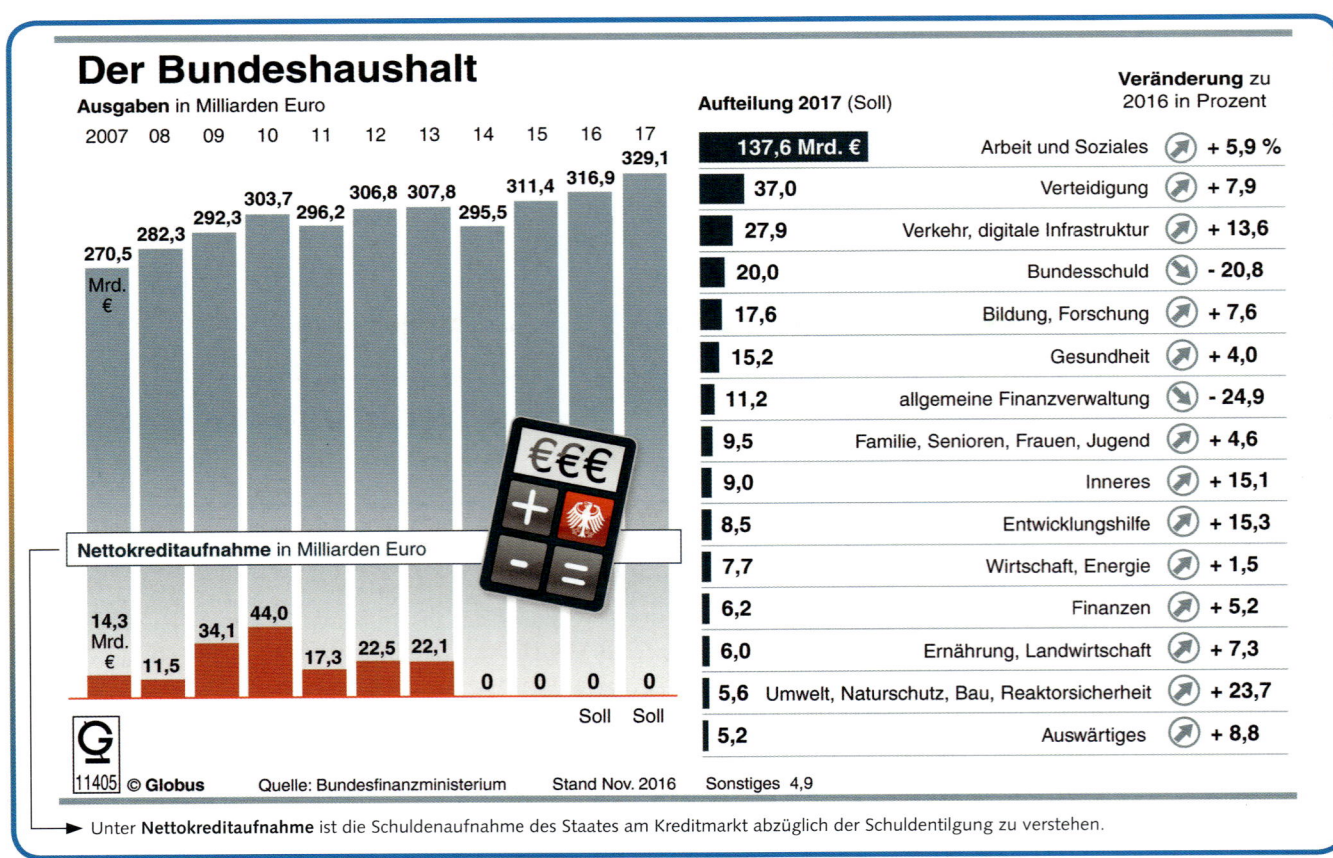

► Unter **Nettokreditaufnahme** ist die Schuldenaufnahme des Staates am Kreditmarkt abzüglich der Schuldentilgung zu verstehen.

1 Darstellung der wechselseitigen Beziehungen der Wirtschaftsteilnehmer mithilfe des Modells des Wirtschaftskreislaufs

MERKE Zum Sektor Ausland werden alle Wirtschaftseinheiten (z. B. internationale Organisationen, ausländische Unternehmen, private Haushalte mit Wohnsitz im Ausland) gezählt, die sich nicht im Inland befinden.

BEISPIEL Sektor Ausland: Vereinte Nationen; Frankreich; Samsung Electronics (Südkorea); Fattoria (Bauernhof) in der Toskana; die Deutsche Karin Bäumler, wohnhaft in Brisbane; Roger aus Mallorca (vermietet Ferienwohnungen)

Bei Einbeziehung des Sektors **Ausland** handelt es sich um eine offene Volkswirtschaft. Wirtschaftliche Beziehungen zwischen Inland und Ausland finden u. a. durch **Güterexporte** und **Güterimporte** statt.

Deutschland hat 2015 Güter im Wert von ca. 1.200 Mrd. € exportiert und Güter im Wert von ca. 952 Mrd. € importiert. Die Differenz stellt einen positiven Außenbeitrag in Höhe von 248 Mrd. € dar. Die nachfolgende Abbildung zeigt, gegenüber welchen Ländern Deutschland einen Handelsüberschuss bzw. ein Handelsdefizit aufweist.

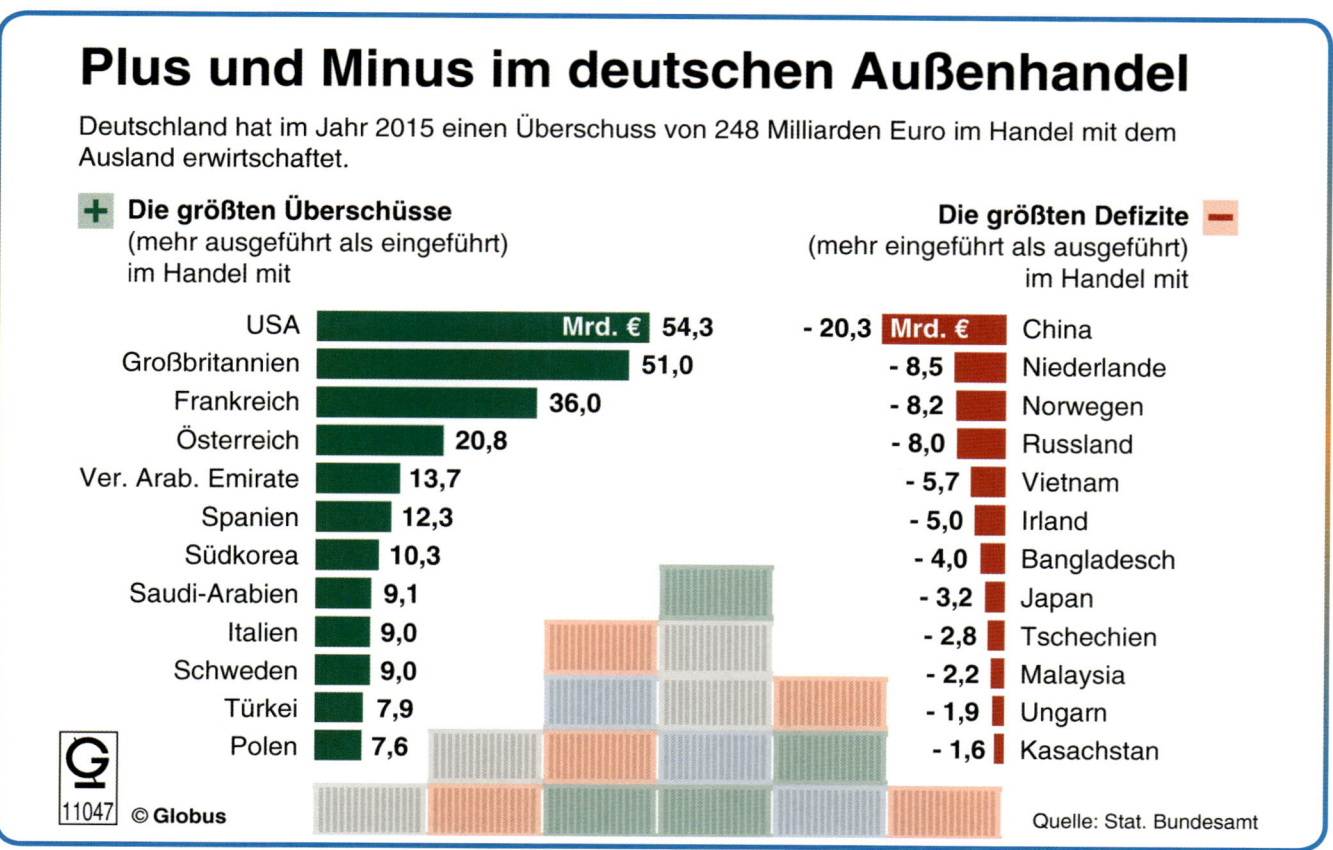

6 AUSWIRKUNGEN VON VERÄNDERUNGEN GESAMTWIRTSCHAFTLICHER GRÖSSEN

Mithilfe des Wirtschaftskreislaufes lassen sich Veränderungen von Größen auf andere Größen des Systems aufzeigen. Das nachfolgende Beispiel verdeutlicht, welche Wirkungen von einer staatlichen Maßnahme ausgehen *könnten*[1]:

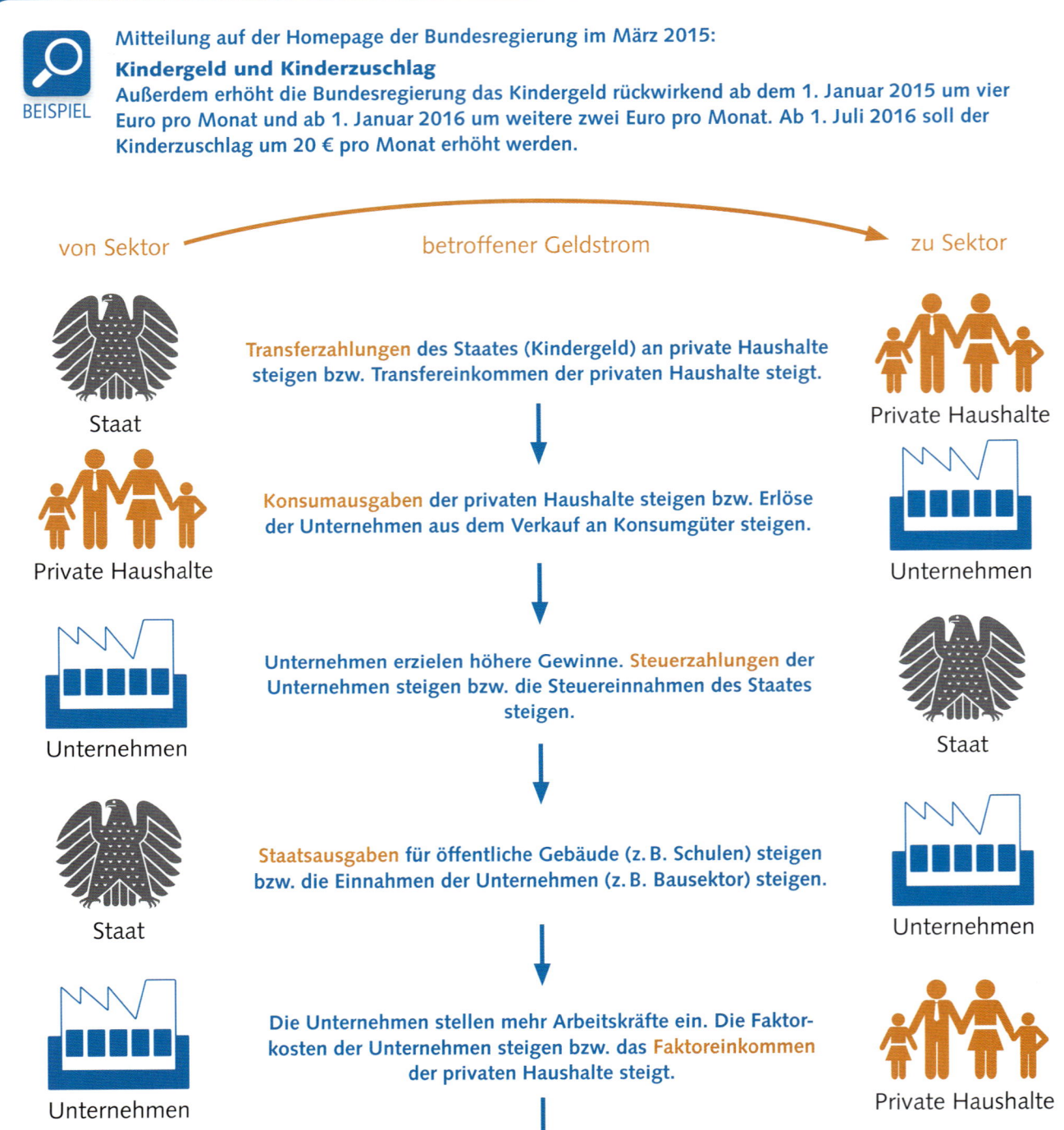

---

[1] Ausgehend von der Veränderung der gesamtwirtschaftlichen Größe „Transfereinkommen" könnten auch andersverlaufende Wirkungsketten aufgestellt werden (z. B. Transfereinkommen steigt → Sparen steigt → Investitionen steigen → ...). Zuweilen bestimmt die Perspektive bzw. Zielsetzung des Betrachters die Auswahl der gesamtwirtschaftlichen Größen. Zudem setzt eine Kindergelderhöhung im Normalfall eine Gegenfinanzierung voraus (z. B Steuererhöhung), welche zu negativen Wirkungen führen kann.

B LERNSITUATION
Wechselseitige Beziehungen der Wirtschaftsteilnehmer mithilfe des Modells des Wirtschaftskreislaufs grafisch darstellen

SITUATIONSBESCHREIBUNG
Einstieg in die Lernsituation

Die 17-jährige Johanna wohnt in Waldkirch, einer Stadt nicht weit von Freiburg entfernt. Nach ihrem Realschulabschluss hat Johanna bei einer Uhrenfabrik im Ort eine Ausbildung zur Bürokauffrau begonnen. Mit ihrem ersten selbst verdienten Geld kauft sie sich in Freiburg gerne Kleider und andere „schöne Sachen". Dabei gerät Johanna immer wieder in Streit mit ihrer Mutter. Erst kürzlich, als sich Johanna einen Fön in einem großen Freiburger Elektromarkt gekauft hat, entgegnet ihr die Mutter:

„Ich habe wirklich nichts dagegen, was du mit deinem Geld kaufst. Aber du solltest dir mal überlegen, das Geld im Dorf zu lassen. Einen Fön kannst du auch in Waldkirch bei Elektro Huber kaufen."

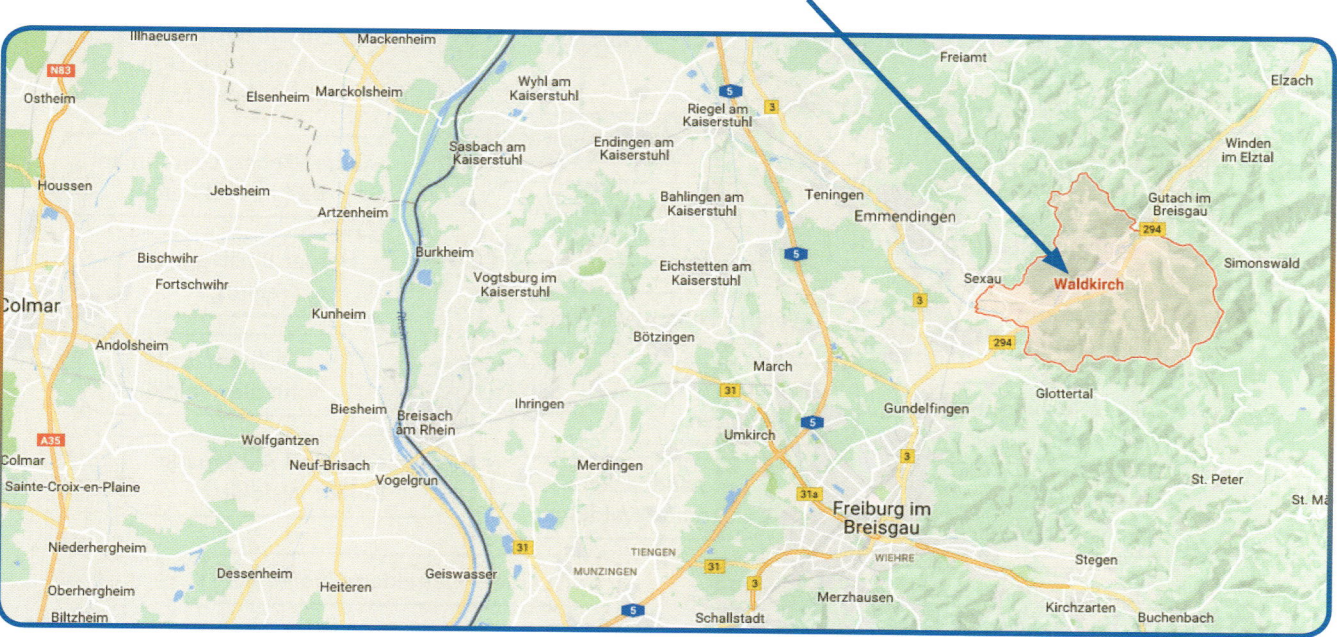

Was meint die Mutter von Johanna mit dem Hinweis „das Geld im Dorf zu lassen"?

 Erkenntnisleitende Fragestellung für diese Lernsituation:
Auf welche Weise lassen sich die Wirtschaftsbeziehungen zwischen den Wirtschaftsteilnehmern in vereinfachter Form darstellen?

AUFTRÄGE

Übergreifender Handlungsauftrag mit Handlungsprodukt:
Stellen Sie modellhaft die Geldströme dar, mit denen die Wirtschaftsteilnehmer in einer Volkswirtschaft miteinander verbunden sind.

Handlungsaufträge:

1. Johanna erstellt die nachfolgende Übersicht mit Wirtschaftsteilnehmern, welche für sie und ihre Familie von Bedeutung sind. *Verschaffen* Sie sich einen Überblick und klären Sie, welche wirtschaftlichen Beziehungen zwischen den Wirtschaftsteilnehmern bestehen könnten.

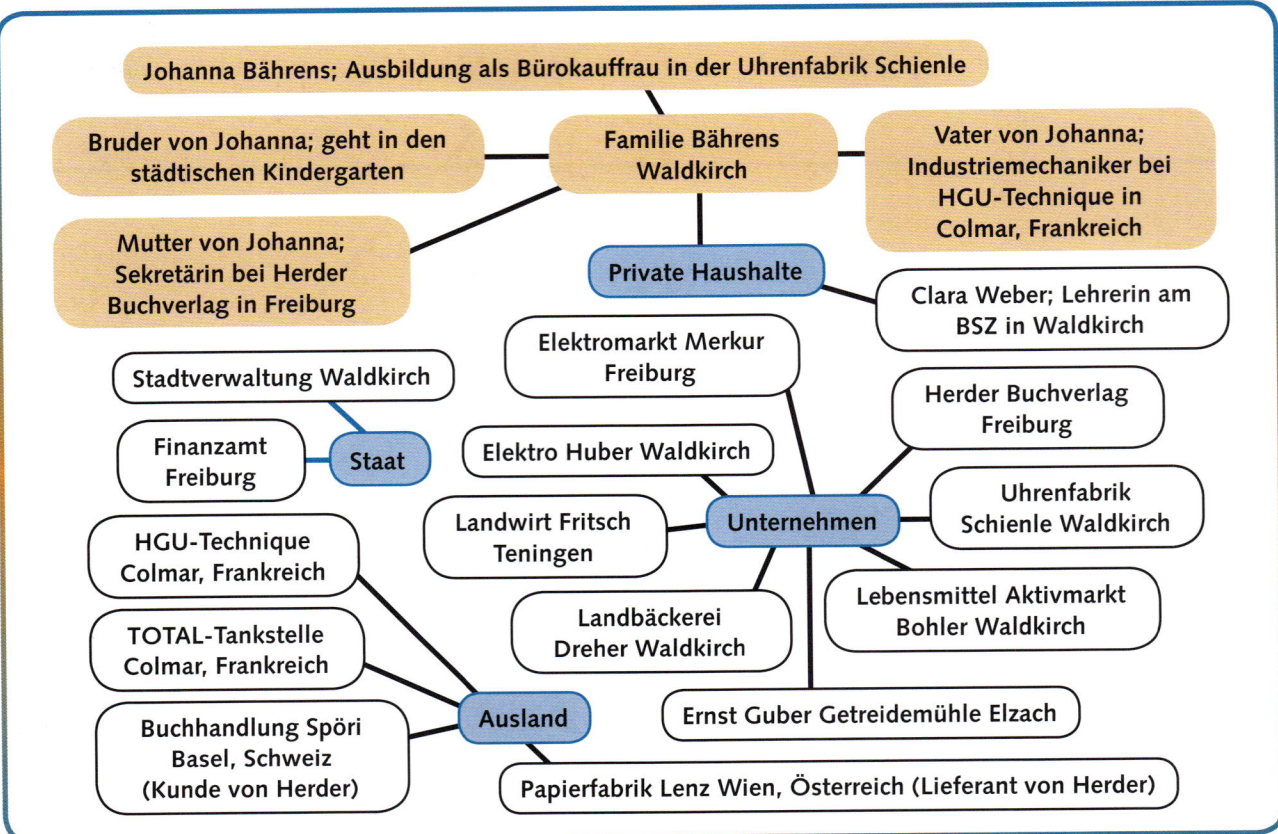

Nachfolgend werden beispielhaft zwei wirtschaftliche Beziehungen von Johanna dargestellt.

Erstellen Sie nach diesem Muster mindestens sechs weitere Beziehungen. *Berücksichtigen* Sie hierbei die Informationen aus der obigen Übersicht und *unterscheiden* Sie zwischen dem Geld- und dem Güterstrom.

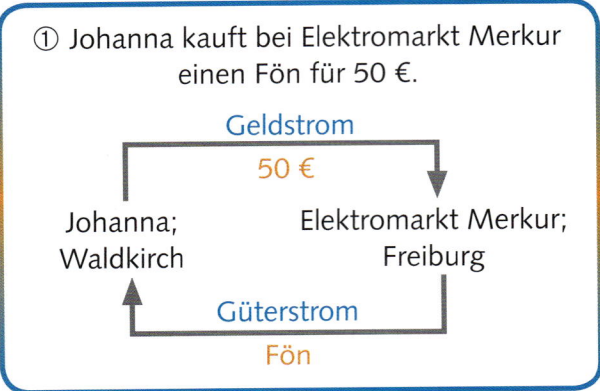

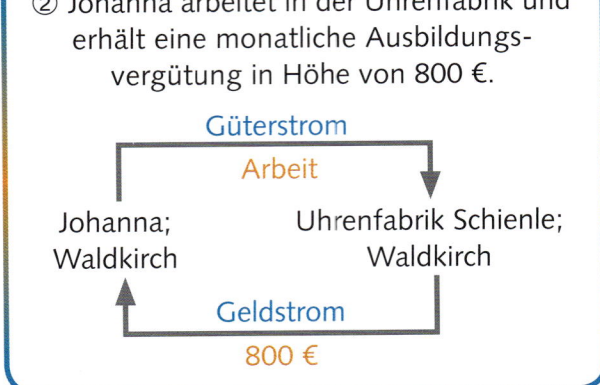

2. Ein Wirtschaftskreislauf stellt die Geldströme zwischen den vier Sektoren grafisch dar. Wirtschaftliche Aktivitäten, die innerhalb eines Sektors stattfinden, bleiben unberücksichtigt.

Ordnen Sie die Vorgänge aus Aufgabe 1 einem der nachfolgenden Pfeile zu und *benennen* Sie die Pfeile.

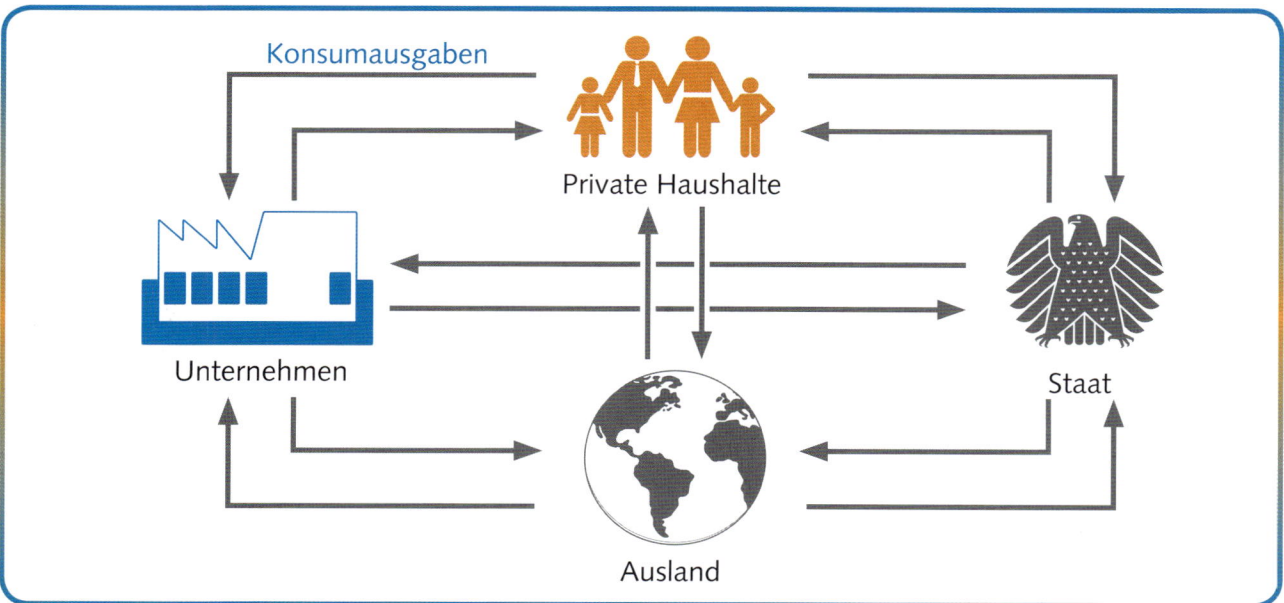

3. Das Anliegen von Johannas Mutter ist zu klären:

„Sollte Johanna ihre Einkäufe nicht nur außerhalb von Waldkirch, sondern auch in Waldkirch tätigen?"

Diskutieren Sie in ihrer Gruppe Argumente, die dafür bzw. dagegen sprechen.

Formulieren Sie jeweils drei Pro- und Kontra-Argumente.

 Zusatzaufgabe:

Übertragen Sie die gewonnenen Erkenntnisse auf die wirtschaftliche Situation ihres Ausbildungsbetriebs. Hierbei könnten folgende Leitfragen hilfreich sein:

- Welche Wirtschaftsteilnehmer sind für meinen Ausbildungsbetrieb besonders wichtig?
- Welche wirtschaftlichen Aktivitäten (Geldströme) stehen dabei im Vordergrund?
- Welche Folgen hat es für meinen Ausbildungsbetrieb, wenn sich bestimmte Geldströme (z. B. Konsumausgaben, Steuern) verändern?

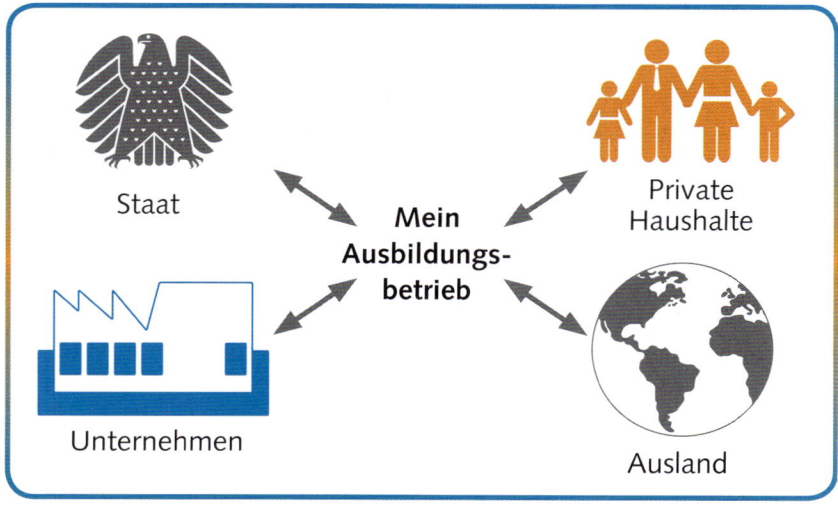

1 Darstellung der wechselseitigen Beziehungen der Wirtschaftsteilnehmer mithilfe des Modells des Wirtschaftskreislaufs

C ÜBUNGSAUFGABEN

1.1 GELDSTRÖME AUS EINEM KONTOAUSZUG ABLEITEN

Helmut Braun erhält von seiner Bank den nachfolgenden Kontoauszug:

Kontoauszug €-Konto **SPARKASSE OFFENBURG**

IBAN: DE79 6645 0050 0675 8776 22   Saldo vom 20.08.20..   Alter Kontostand Haben in €   **800,50**

Position		Lastschrift	Gutschrift
01	Gehalt August: Heidi Braun; Sanitär Hahn, Offenburg		1.800,00
02	Kindergeld Monat August		185,00
03	Überweisung Sportscheck München, RE 675678, KD 8790	119,85	
04	Kartenzahlung EDEKA-Center Schutterwald	82,60	
05	Gehalt August: Helmut Braun, Stadt Offenburg		4.250,00
06	Kartenzahlung SAGRADA Familia/Barcelona/ES	43,00	
07	PayPal – Einkauf bei Büroshop KG – Kiel, HP-Drucker	166,00	

Auszugsdatum: 28.08.20..   Auszugs-Nr. 34   Neuer Kontostand

Helmut Braun
Im Liesel 8
77746 Schutterwald

Haben in €   **6.624,05**

1. Überprüfen Sie die Richtigkeit des neuen Kontostands in Höhe von 6.624,05 €.
2. Geben Sie zu jeder Position des Kontoauszugs den Geldstrom nach folgendem Muster an:

Pos	Geld fließt **von** …	Geld fließt **an** …	Text
1	Sanitär Hahn (Unternehmen)	Frau Braun (private Haushalte)	Gehaltszahlung
2	…	…	…

3. *Stellen* Sie jede Position des Kontoauszugs mithilfe der jeweiligen Ziffer (1, 2, …) im Modell des Wirtschaftskreislaufs dar.
4. *Analysieren* Sie mithilfe des Wirtschaftskreislaufs aus Aufgabe 3, welche Folgen eine Erhöhung des Kindergeldes auf andere Geldströme haben könnte.
5. *Diskutieren* Sie die Bedeutung des Geschäftsfalls der Position 7 für den Wirtschaftskreislauf in der Region der Familie Braun.

1.2 WIRTSCHAFTSKREISLAUF AUS GELDSTRÖMEN ERSTELLEN

In einer Volkswirtschaft lassen sich die wechselseitigen wirtschaftlichen Beziehungen mit folgenden Geldströmen kennzeichnen (GE = Geldeinheiten):

(1) Konsumausgaben der privaten Haushalte .... 5.000 GE

(2) Steuerzahlungen der privaten Haushalte .... 700 GE

(3) Von den Unternehmen an private Haushalte gezahlte Löhne, Gehälter und Zinsen (Faktoreinkommen) .... 7.000 GE

(4) Vom Staat an private Haushalte gezahltes Faktoreinkommen .... 1.200 GE

(5) Erlöse der Unternehmen aus Staatsaufträgen .... 1.800 GE

(6) Steuerzahlungen der Unternehmen .... 900 GE

(7) Subventionen des Staates an die Unternehmen .... 400 GE

(8) Kindergeld, Wohngeld u.a. Transfereinkommen der privaten Haushalte .... 800 GE

(9) Exporteinnahmen .... 1.300 GE

(10) Importausgaben .... 500 GE

(11) Spenden der privaten Haushalte an ausländische Organisationen .... 150 GE

(12) Gewinne der Unternehmen werden einbehalten und an die Unternehmerhaushalte weitergeleitet .... 220 GE

1. *Zeichnen* Sie einen Wirtschaftskreislauf mit den vier Sektoren (Private Haushalte, Unternehmen, Staat, Ausland). *Ordnen* Sie die obigen Geldströme mit ihren Nummern entsprechend zu.

2. *Erklären* Sie am Beispiel von zwei Geldströmen, weshalb auf die Berücksichtigung der Güterströme verzichtet werden kann.

Zusatzaufgabe zu 1.2:

Der obige Wirtschaftskreislauf ist geschlossen, wenn die Summe der Zu- und Abgänge der Sektoren (= Salden) wertmäßig gleich sind.

Ermitteln Sie für jeden Sektor den Saldo und erläutern Sie die Bedeutung dieser Größe.

Berücksichtigen Sie in Ihrem Wirtschaftskreislauf zusätzlich den Pol Vermögensänderung.

1.3 AUSWIRKUNGEN VON VERÄNDERUNGEN GESAMTWIRTSCHAFTLICHER GRÖSSEN ANALYSIEREN

Beschreiben Sie mithilfe des Modells des Wirtschaftskreislaufes, welche Auswirkungen die beiden nachfolgenden Veränderungen auf andere gesamtwirtschaftlichen Größen haben könnten.

① Erhöhung der Umsatzsteuer	② Private Haushalte werden weniger sparen
Die Bundesregierung erwägt eine Erhöhung der Umsatzsteuer von derzeit 19 % auf 25 %. Zielsetzung ist die Sanierung der Staatsfinanzen.	Als Folge des niedrigen Zinsniveaus erwartet das Institut für Wirtschaftsforschung, dass die Sparquote der Deutschen deutlich zurückgehen wird.

Wirtschaftliches Handeln in der Sozialen Marktwirtschaft analysieren

Kompetenzbereich II

UNTERRICHTSEINHEIT 2:

DAS BRUTTOINLANDSPRODUKT: ERMITTLUNG IM RAHMEN DER ENTSTEHUNGS-, VERWENDUNGS- UND VERTEILUNGSRECHNUNG

Kompetenzbeschreibung des Lehrplanes:

Die Schülerinnen und Schüler „charakterisieren das Bruttoinlandsprodukt als ein wichtiges Maß für die wirtschaftliche Leistung eines Landes und unterscheiden hierbei zwischen der Entstehungs-, Verwendungs- und Verteilungsrechnung. Anhand statistischer Daten interpretieren die Schülerinnen und Schüler die Veränderungen des realen und nominalen Bruttoinlandsproduktes und des Volkseinkommens. In diesem Zusammenhang führen sie Berechnungen durch (Entstehungsrechnung: Anteil der Wirtschaftsbereiche am BIP; Verwendungsrechnung: Anteil der produzierten Güter nach Art ihrer Verwendung; Verteilungsrechnung: Lohnquote, Gewinnquote). Mithilfe der Ergebnisse aus der Entstehungsrechnung beurteilen sie die Bedeutung ihrer Branche für Wachstum und Beschäftigung in Deutschland."

Wie setzt sich der Preis eines Brötchens zusammen?

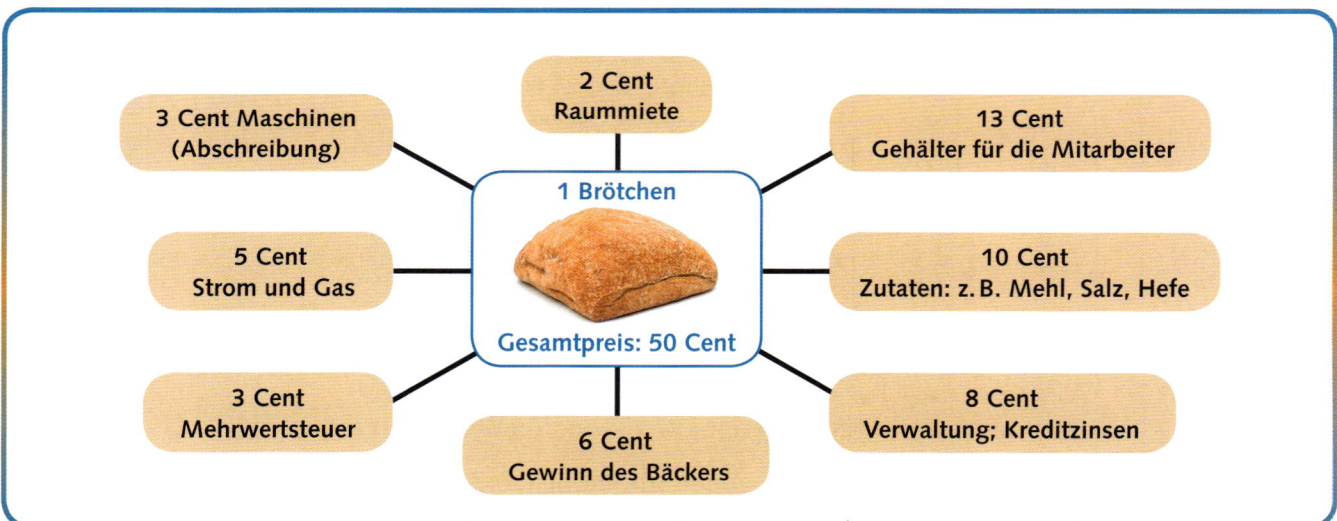

A Grundlagenwissen

1. Wertschöpfung, Inlandsprodukt und Volkseinkommen 22
2. Das gesamtwirtschaftliche Produktionskonto 23
3. Entstehungs-, Verwendungs- und Verteilungsrechnung 24
4. Aussagekraft der Lohnquote 26
5. Nominales und reales Bruttoinlandsprodukt 27

B Lernsituation

Das Bruttoinlandsprodukt als Maßstab für die wirtschaftliche Leistung eines Landes charakterisieren und zwischen der Entstehungs-, Verwendungs- und Verteilungsrechnung unterscheiden 28

C Übungsaufgaben 31

2 DAS BRUTTOINLANDSPRODUKT: ERMITTLUNG IM RAHMEN DER ENTSTEHUNGS-, VERWENDUNGS- UND VERTEILUNGSRECHNUNG

A GRUNDLAGENWISSEN

1 WERTSCHÖPFUNG, INLANDSPRODUKT UND VOLKSEINKOMMEN

Es ist die Aufgabe der Wirtschaft, die Bevölkerung mit Gütern zu versorgen und den Menschen einen hohen Lebensstandard zu ermöglichen. Die Unternehmen stellen im Rahmen ihrer Buchführung das Ergebnis eines Geschäftsjahres fest. Das Statistische Bundesamt erfasst in vergleichbarer Weise im Rahmen der volkswirtschaftlichen Gesamtrechnung (VGR) alle Daten zu den Produktionsprozessen, die in Deutschland stattgefunden haben.

Drei zentrale **Fragestellungen** der VGR lassen sich am Beispiel einer vereinfachten Gewinn- und Verlustrechnung (GuV) eines Unternehmens verdeutlichen:

BEISPIEL

Werteverzehr		GuV der Streit Büromöbel OHG	Wertezuwachs	
Vorleistungen → Rohstoffe (Holz)	25.000 €	Umsatzerlöse aus dem Verkauf von Büromöbel	95.000 €	
Abschreibungen	15.000 €	Erhöhung des Lagerbestands Büromöbel	5.000 €	
Zinsen	4.000 €			
Löhne und Gehälter	46.000 €			
Gewinn (Saldo)	10.000 €			
Summe	100.000 €	Summe	100.000 €	

(Bruttowertschöpfung / Nettowertschöpfung / Produktionswert)

(a) Welche **Leistung** hat die Büromöbelfabrik erbracht?
Es wurden Büromöbel (Güter) im Wert von **100.000 €** hergestellt.

(b) Wie viel **Einkommen** wurde in der Büromöbelfabrik geschaffen?
Für die Überlassung der Produktionsfaktoren (z. B. Arbeit) erhielten die Inhaber der Produktionsfaktoren (z. B. Mitarbeiter) ein Einkommen in einer Gesamthöhe von **60.000 €** (Zinsen, Löhne und Gehälter, Gewinn).

(c) Die Büromöbelfabrik ist am **Wertschöpfungsprozess** in der Volkswirtschaft beteiligt. Welchen _zusätzlichen_ Wert hat die Büromöbelfabrik geschaffen?

Bruttowertschöpfung = 100.000 € – **25.000 €** = 75.000 €
Aus dem eingekauften Holz im Wert von 25.000 € (Vorleistungen) wurden Büromöbel im Wert von 100.000 € geschaffen.

Nettowertschöpfung = 75.000 € – **15.000 €** = 60.000 €
Der bei der Büromöbelherstellung entstandene Werteverzehr bei Anlagegütern (z. B. Maschinen) verringert den Wertezuwachs.

Der Wert, den ein Unternehmen im Rahmen des Produktionsprozesses den Vorleistungen hinzufügt, wird als **Bruttowertschöpfung** bezeichnet.

Bruttowertschöpfung = Produktionswert – Vorleistungen
Nettowertschöpfung = Bruttowertschöpfung – Abschreibungen

In der volkswirtschaftlichen Gesamtrechnung wird jede der drei Fragestellungen mithilfe einer **Kennzahl** beantwortet:

zu (a) Welchen Wert haben die im Inland hergestellten Güter?

Das **Inlandsprodukt** ist der Wert aller Waren (Sachgüter) und Dienstleistungen, die in einer bestimmten Periode im Inland (von In- und Ausländern) produziert wurden. Die Vorleistungen, die bei der Produktion verbraucht wurden, bleiben dabei unberücksichtigt.

zu (b) Welches Einkommen haben die Inländer erzielt?

Das **Volkseinkommen** ist die Summe der Erwerbs- und Vermögenseinkommen, die Inländern für die Zurverfügungstellung von Produktionsfaktoren aus dem In- und Ausland zugeflossen sind (Faktoreinkommen).

zu (c) Welchen Anteil am Produktionsergebnis haben die inländischen Wirtschaftsbereiche?

Die **Wertschöpfung** ist derjenige Wert, der im Rahmen des Produktionsprozesses den von anderen Unternehmen bezogenen Vorleistungen hinzugefügt wird.

2 DAS GESAMTWIRTSCHAFTLICHE PRODUKTIONSKONTO

In einer Volkswirtschaft werden nicht nur in den Unternehmen (z. B. Büromöbel, Nahrungsmittel), sondern auch in den privaten Haushalten (z. B. bezahlte Haushaltshilfe) und beim Staat (z. B. medizinische Versorgung der Bevölkerung) Leistungen erbracht. Die Zusammenfassung aller Leistungen eines Landes wird mithilfe des gesamtwirtschaftlichen Produktionskontos dargestellt:

BEISPIEL

Gesamtwirtschaftliches **Produktionskonto** im Jahr 20.. in Mrd. €

Abschreibungen	200	Bruttoinvestitionen	220
Produktions- und Importabgaben – Subventionen	100	Privater Konsum	400
		Staatlicher Konsum	300
Löhne, Gehälter, Zinsen, Pachten, Gewinne	700	Außenbeitrag (Export – Import)	80
	1.000		1.000

(Linke Seite: Nettoinlandsprodukt zu Marktpreisen; Rechte Seite: Bruttoinlandsprodukt zu Marktpreisen)

Die rechte Seite des gesamtwirtschaftlichen Produktionskontos zeigt die Werte aller im Inland in einem Jahr für unterschiedliche Verwendungen erzeugten Güter. Der Wert der importierten Güter wird abgezogen, da es sich hierbei um Leistungen des Auslandes handelt.

Das **Bruttoinlandsprodukt zu Marktpreisen (BIP)** entspricht dem Wert aller in einem bestimmten Zeitraum im Inland hergestellten Güter nach Abzug der im Produktionsprozess verbrauchten Vorleistungen.

3 ENTSTEHUNGS-, VERWENDUNGS- UND VERTEILUNGSRECHNUNG

Zur Messung der wirtschaftlichen Leistung eines Landes wird das Bruttoinlandsprodukt (BIP) ermittelt. Hierbei lassen sich drei verschiedene Berechnungsweisen unterscheiden:

Verteilungsrechnung — Wie wurde das bei der Produktion des BIP entstandene Faktoreinkommen verteilt? (Volkseinkommen)

Entstehungsrechnung — Wo ist das BIP entstanden? (Bruttoinlandsprodukt)

Verwendungsrechnung — Wofür wurde das BIP verwendet? (Bruttoinlandsprodukt)

Der Inhalt des „Würfels" stellt den Wert des Bruttoinlandsprodukts dar, der von drei verschiedenen Seiten aus betrachtet werden kann.

Entstehungsrechnung

Die Entstehungsrechnung gibt für eine abgeschlossene Wirtschaftsperiode Auskunft darüber, welche Wirtschaftsbereiche in welchem Umfang zur Entstehung des Bruttoinlandsprodukts beigetragen haben. Dazu werden alle Wirtschaftseinheiten, die Güter produzieren, einem der folgenden drei Bereiche zugeordnet:

- Land- und Forstwirtschaft, Fischerei **(Primärer Sektor)**
- produzierendes Gewerbe, Baugewerbe **(Sekundärer Sektor)**
- Dienstleistungen **(Tertiärer Sektor)**: z. B. die Bereiche Handel, Gastgewerbe und Verkehr, Finanzen und Versicherungen

Verwendungsrechnung

Die Verwendungsrechnung zeigt, wofür die Güter, aus deren Wert sich das Bruttoinlandsprodukt errechnet, verwendet werden. Es lassen sich folgende Verwendungszwecke unterscheiden:

- Konsumgüter der privaten Haushalte
- Konsumausgaben des Staates
- Investitionsgüter
- Exportgüter

Importgüter werden als (Vor-)Leistungen des Auslandes abgezogen.

Verteilungsrechnung

Entsprechend der Art der erzielten Faktoreinkommen lassen sich Arbeitnehmerhaushalte (Lohn- und Gehaltseinkommen) und Unternehmerhaushalte (Gewinn- und Vermögenseinkommen wie Zinsen und Pachten) unterscheiden.

MERKE

Entstehungsrechnung:
Bruttoinlandsprodukt = Summe der Bruttowertschöpfung aller Wirtschaftsbereiche
(ohne Berücksichtigung von statistischen Korrekturen und Bereinigungen)

Verwendungsrechnung:
Bruttoinlandsprodukt = Private Konsumausgaben + Konsumausgaben des Staates + Bruttoinvestitionen + (Exporte – Importe)

2 Das Bruttoinlandsprodukt: Ermittlung im Rahmen der Entstehungs-, Verwendungs- und Verteilungsrechnung

Die nachfolgende Grafik stellt die Zusammensetzung des Bruttoinlandsprodukts für Deutschland nach den drei Berechnungsweisen dar:

Entstehungsrechnung   **Verwendungsrechnung**   **Verteilungsrechnung**

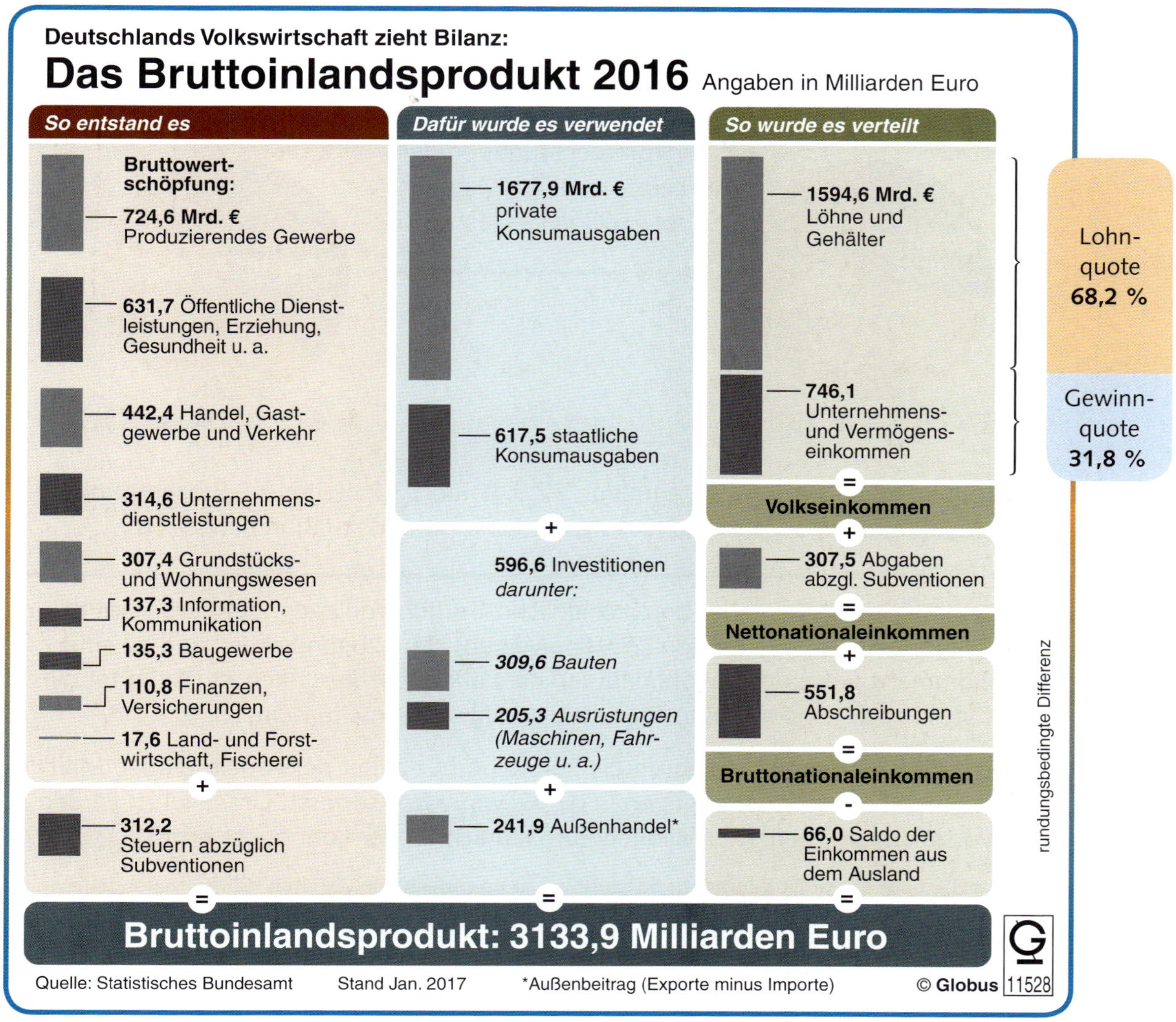

Deutschlands Volkswirtschaft zieht Bilanz:
Das Bruttoinlandsprodukt 2016 — Angaben in Milliarden Euro

So entstand es
- Bruttowertschöpfung:
- 724,6 Mrd. € Produzierendes Gewerbe
- 631,7 Öffentliche Dienstleistungen, Erziehung, Gesundheit u. a.
- 442,4 Handel, Gastgewerbe und Verkehr
- 314,6 Unternehmensdienstleistungen
- 307,4 Grundstücks- und Wohnungswesen
- 137,3 Information, Kommunikation
- 135,3 Baugewerbe
- 110,8 Finanzen, Versicherungen
- 17,6 Land- und Forstwirtschaft, Fischerei
+
- 312,2 Steuern abzüglich Subventionen

Dafür wurde es verwendet
- 1677,9 Mrd. € private Konsumausgaben
- 617,5 staatliche Konsumausgaben
+
- 596,6 Investitionen darunter:
  - 309,6 Bauten
  - 205,3 Ausrüstungen (Maschinen, Fahrzeuge u. a.)
+
- 241,9 Außenhandel*

So wurde es verteilt
- 1594,6 Mrd. € Löhne und Gehälter
- 746,1 Unternehmens- und Vermögenseinkommen
= **Volkseinkommen**
+ 307,5 Abgaben abzgl. Subventionen
= **Nettonationaleinkommen**
+ 551,8 Abschreibungen
= **Bruttonationaleinkommen**
− 66,0 Saldo der Einkommen aus dem Ausland

Lohnquote **68,2 %**
Gewinnquote **31,8 %**
(rundungsbedingte Differenz)

= **Bruttoinlandsprodukt: 3133,9 Milliarden Euro**

Quelle: Statistisches Bundesamt   Stand Jan. 2017   *Außenbeitrag (Exporte minus Importe)   © Globus 11528

$$\text{Lohnquote} = \frac{\text{Löhne und Gehälter}}{\text{Volkseinkommen}} \cdot 100 = \frac{1.594{,}6 \text{ Mrd. €}}{(1.594{,}6 \text{ Mrd. €} + 746{,}1 \text{ Mrd. €})} \cdot 100 = 68{,}2\ \%$$

MERKE

Verteilungsrechnung:

Volkseinkommen = Löhne und Gehälter[1] + Unternehmens- und Vermögenseinkommen

Der prozentuale Anteil der Arbeitnehmerentgelte am Volkseinkommen wird als Lohnquote bezeichnet. Der prozentuale Anteil des Unternehmens- und Vermögenseinkommen am Volkseinkommen ist die Gewinnquote.

---

[1] Löhne und Gehälter werden Arbeitnehmerentgelt bezeichnet.

4 AUSSAGEKRAFT DER LOHNQUOTE

Unter der **Lohnquote** wird der prozentuale Anteil der Löhne und Gehälter am Volkseinkommen verstanden. Es wird zuweilen behauptet, die Entwicklung der Lohnquote sei ein aussagekräftiger Maßstab zur Beurteilung der Einkommenssituation der Arbeitnehmer.

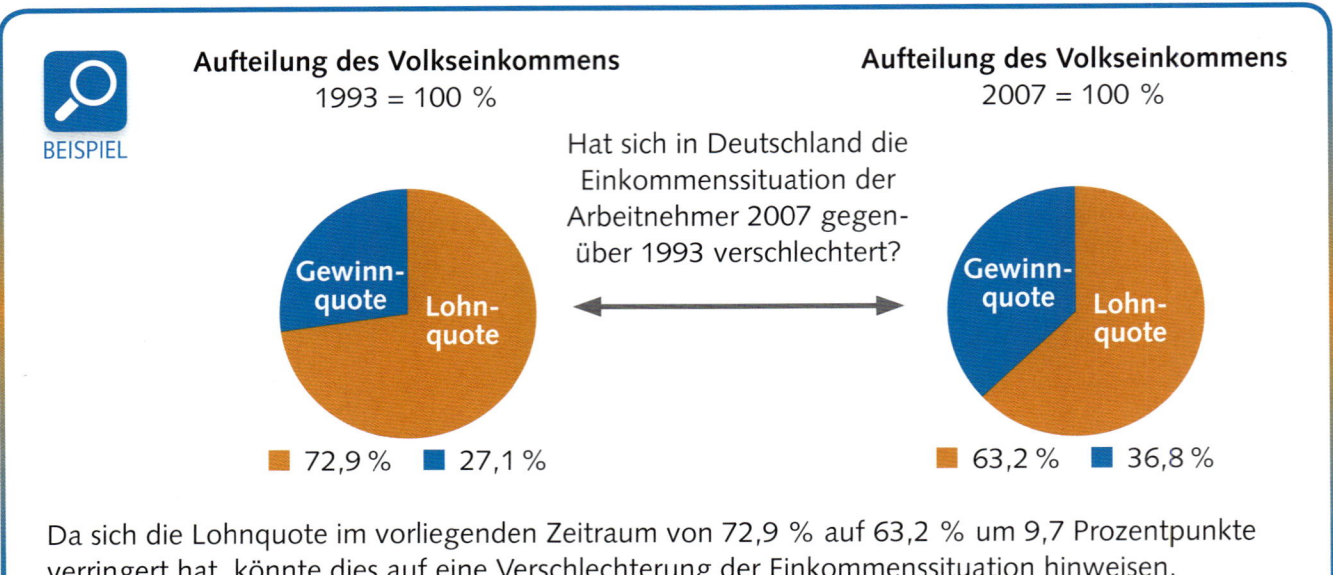

Da sich die Lohnquote im vorliegenden Zeitraum von 72,9 % auf 63,2 % um 9,7 Prozentpunkte verringert hat, könnte dies auf eine Verschlechterung der Einkommenssituation hinweisen.

Für eine abnehmende Lohnquote können aber unterschiedliche Gründe vorliegen. Beispielsweise hat in den letzten Jahren das Einkommen aus Vermögen (Zinsen, Mieten) stark zugenommen und zu einer Erhöhung des Volkseinkommens geführt. Obwohl dadurch die Lohnquote gesunken ist, bedeutet dies für die Arbeitnehmer nicht gleichzeitig eine Verschlechterung der Einkommenssituation.

Des Weiteren berücksichtigt die Lohnquote lediglich die Löhne und Gehälter der Arbeitnehmer. Miet- und Zinseinnahmen von Arbeitnehmern werden dagegen in der Gewinnquote erfasst. Umgekehrt werden Bezüge von Vorstandsvorsitzenden (mehrere Millionen Euro jährlich) in der Lohnquote erfasst.

 **Die Aussagekraft der Lohnquote ist begrenzt und sollte nicht unkritisch als Maßstab für die (personelle) Einkommensverteilung herangezogen werden.**

MERKE

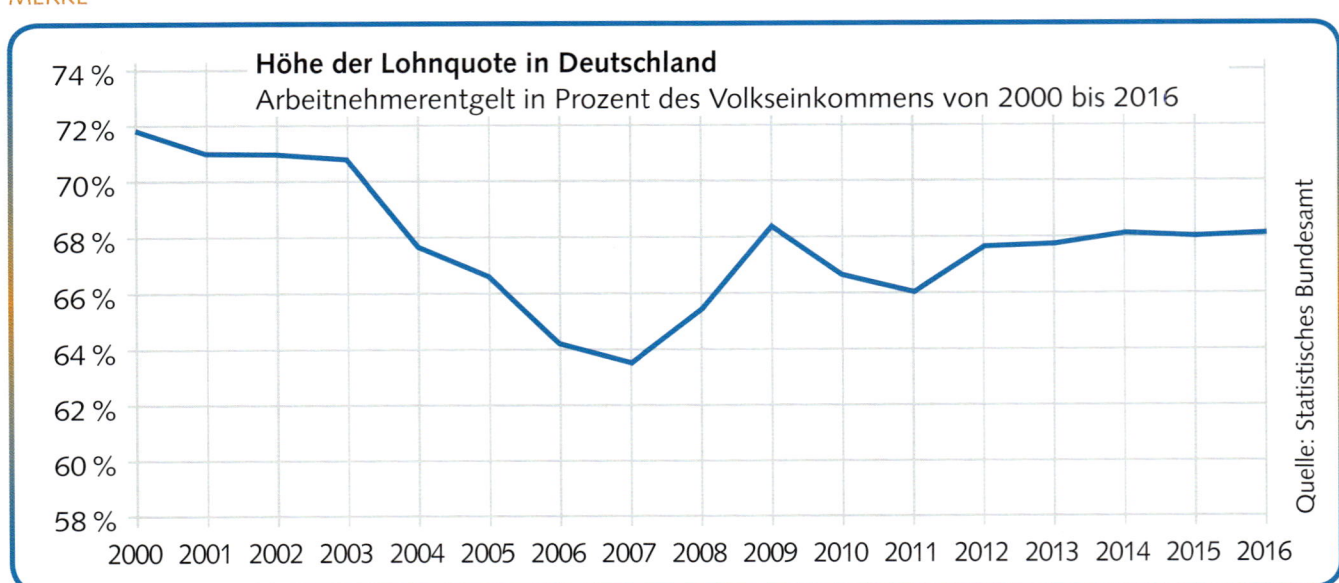

5 NOMINALES UND REALES BRUTTOINLANDSPRODUKT

Bei der Ermittlung des **nominalen Bruttoinlandsprodukts** werden die hergestellten Güter mit den Preisen des laufenden Jahres bewertet. Eine Veränderung des nominalen Bruttoinlandsprodukts im darauffolgenden Jahr kann sowohl auf eine Veränderung der Gütermengen als auch auf eine Veränderung der Güterpreise zurückzuführen sein.

Mengenbedingte Veränderung: Die Produktionsmengen haben sich verändert.

Preisbedingte Veränderung: Die Güterpreise haben sich verändert.

BEISPIEL

In einer Volkswirtschaft setzt sich das Bruttoinlandsprodukt aus drei Gütern zusammen. Für die Jahre 1 und 2 wurden folgende Daten erhoben:

Menge [Jahr 1]	Menge [Jahr 2]	Güter	Preis [Jahr 1]	Preis [Jahr 2]
12 Stück	14 Stück	Autos	18.000 €	20.000 €
200 Paar	180 Paar	Schuhe	70 €	80 €
20.000 kg	19.000 kg	Brote	3 €	4 €

Um wieviel Prozent hat sich das Bruttoinlandsprodukt im Jahr 2 gegenüber dem Jahr 1 tatsächlich (real) verändert?

Wirtschaftswachstum liegt vor, wenn in einem Land in einem bestimmten Zeitraum mehr Güter als im Vergleichszeitraum hergestellt wurden. Bei der Ermittlung der Wachstumsraten darf also lediglich die mengenbedingte, nicht aber die preisbedingte Veränderung berücksichtigt werden. Das **reale Bruttoinlandsprodukt** bewertet deswegen die Mengen des aktuellen Jahres mit den Preisen des Vorjahres (= Vorjahrespreismethode). Auf diese Weise lassen sich Preissteigerungen ausschalten.

BEISPIEL

Berechnung der **realen** prozentualen Veränderung des Bruttoinlandsprodukts:

Güter	Jahr 1			Jahr 2		
	Menge [Jahr 1]	Preis [Jahr 1]	Wert	Menge [Jahr 2]	Preis [Jahr 1]	Wert
Autos	12 Stück	18.000 €	216.000 €	14 Stück	18.000 €	252.000 €
Schuhe	200 Paar	70 €	14.000 €	180 Paar	70 €	12.600 €
Brote	20.000 kg	3 €	60.000 €	19.000 kg	3 €	57.000 €
			290.000 €			321.600 €

$$\text{Veränderung BIP}_{real} = \frac{(321.600\ € - 290.000\ €)}{290.000\ €} \cdot 100 = +10{,}9\ \%$$

Das Bruttoinlandsprodukt hat sich im Jahr 2 gegenüber Jahr 1 **real** um 10,9 % erhöht. Die Volkswirtschaft ist „gewachsen".

MERKE

Nominales Bruttoinlandsprodukt ➡ Güter des aktuellen Jahres bewertet zu den Marktpreisen des laufenden Jahres.

Reales Bruttoinlandsprodukt ➡ Güter des aktuellen Jahres bewertet zu den Marktpreisen des Vorjahres.

Das reale Bruttoinlandsprodukt ist preisbereinigt und wird als Maßstab für die wirtschaftliche Entwicklung einer Volkswirtschaft (Wirtschaftswachstum) herangezogen.

B LERNSITUATION

Das Bruttoinlandsprodukt als Maßstab für die wirtschaftliche Leistung eines Landes charakterisieren und zwischen der Entstehungs-, Verwendungs- und Verteilungsrechnung unterscheiden

SITUATIONSBESCHREIBUNG — Einstieg in die Lernsituation

Seit Max bei einer Bäckerei eine Ausbildung zum Bürokaufmann begonnen hat, interessiert er sich für die allgemeine wirtschaftliche Entwicklung. In der Zeitung liest er im März 2016 die Schlagzeile „Deutschland ist nur Mittelmaß". Max ist sehr überrascht, da nach seiner Einschätzung 2015 ein wirtschaftlich gutes Jahr für Deutschland war. Die Arbeitslosigkeit hat sich verringert, die Verbraucherpreise blieben stabil und der Bundeshaushalt war erstmalig ausgeglichen.

Für seinen Ausbildungsbetrieb war 2015 ein wirtschaftlich sehr erfolgreiches Jahr. Der Umsatz der Bäckerei hatte sich deutlich erhöht, Arbeitskräfte wurden eingestellt und die Mitarbeiter bekamen kräftige Lohnerhöhungen.

Deutschland ist in Europa nur Mittelmaß!
Deutschland ist nur um 1,7 Prozent gewachsen.
Irland ist Spitzenreiter – Griechenlands Wirtschaft ist „geschrumpft".

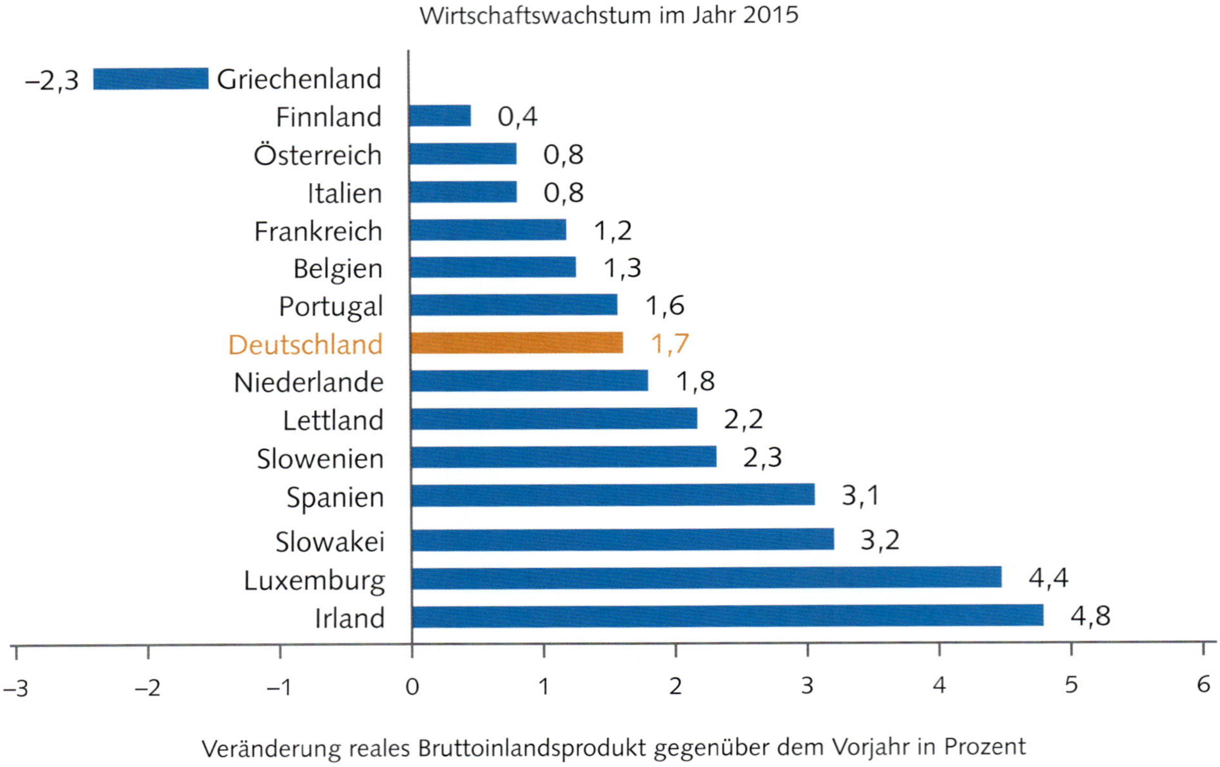

Wirtschaftswachstum im Jahr 2015

Land	Veränderung reales BIP gegenüber Vorjahr in %
Griechenland	–2,3
Finnland	0,4
Österreich	0,8
Italien	0,8
Frankreich	1,2
Belgien	1,3
Portugal	1,6
Deutschland	1,7
Niederlande	1,8
Lettland	2,2
Slowenien	2,3
Spanien	3,1
Slowakei	3,2
Luxemburg	4,4
Irland	4,8

Veränderung reales Bruttoinlandsprodukt gegenüber dem Vorjahr in Prozent

Mit welchen Größen lässt sich die wirtschaftliche Leistung von Unternehmen bzw. Volkswirtschaften messen?

Erkenntnisleitende Fragestellung für diese Lernsituation:
Weshalb ist das Bruttoinlandsprodukt (BIP) ein wichtiger Maßstab für die wirtschaftliche Leistung eines Landes und wie lässt sich das BIP berechnen?

AUFTRÄGE

Übergreifender Handlungsauftrag mit Handlungsprodukt:

Stellen Sie dar, wie die Leistung von Unternehmen sowie von Volkswirtschaften gemessen werden kann. Erläutern Sie die Bedeutung des Bruttoinlandsprodukts als Messgröße und beschreiben Sie, auf welche Weise das Bruttoinlandsprodukt ermittelt werden kann.

Handlungsaufträge:

Max erhält von seinem Ausbildungsleiter einen Fragebogen des Statistischen Bundesamtes. Darin wird u.a. nach der Höhe der *Wertschöpfung* gefragt. Unterstützt durch seinen Ausbildungsleiter versucht Max, sich die Zusammenhänge in einem einfachen Modell klarzumachen:

- Drei Unternehmen sind am Produktionsprozess von Brot beteiligt.

- Der Landwirt verkauft das geerntete Getreide an die Mühle.
  Die Mühle liefert der Bäckerei das aus dem Getreide gemahlene Mehl.
  Die Bäckerei verkauft das gebackene Brot an die Kunden.

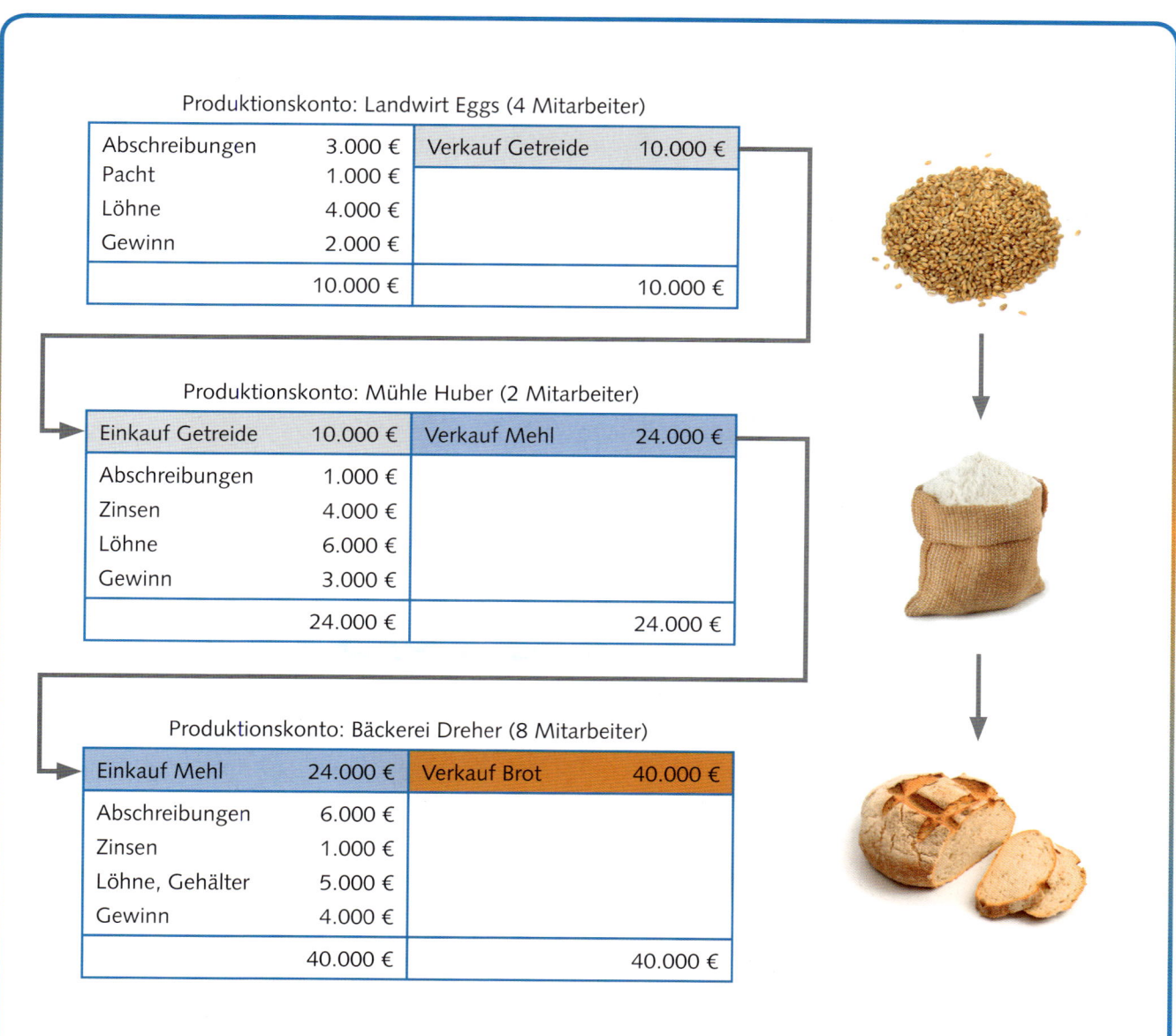

1. Max ist der Ansicht, dass die Bäckerei Dreher die höchste Wertschöpfung erzielt hat.

   Begründen Sie, welchen Betrag die drei Unternehmen jeweils als Wertschöpfung in den Fragebogen des Statistischen Bundesamtes eintragen werden.

   > **Was bedeutet *Wertschöpfung*?**
   >
   >
   >
   > Gemeint ist, welchen zusätzlichen Produktionswert ein Unternehmen durch seine Mitarbeiter geschaffen hat.
   >
   > Bruttowertschöpfung: Vom Wert der hergestellten Güter werden die von anderen Unternehmen bezogenen Leistungen abgezogen.
   >
   > Nettowertschöpfung: Zusätzlich werden die Abschreibungen abgezogen.

2. In den drei Unternehmen wurde Getreide, Mehl und Brot hergestellt. Gleichzeitig wurde Einkommen geschaffen.

   Ermitteln Sie den Betrag, um den sich durch die Produktionstätigkeit der drei Unternehmen das Bruttoinlandsprodukt und das Volkseinkommen des Landes erhöht haben.

   > **Was bedeutet *Bruttoinlandsprodukt* und *Volkseinkommen*?**
   >
   >
   >
   > Das Bruttoinlandsprodukt beinhaltet den Wert aller Güter, die im Inland in einer Periode hergestellt wurden. Bezogene Leistungen von Unternehmen werden abgezogen, um Doppelzählungen zu vermeiden.
   >
   > Das Volkseinkommen beinhaltet Einkommen, das Inländern für die Bereitstellung der Produktionsfaktoren Arbeit, Boden und Kapital zugeflossen ist.

Zusatzaufgabe:

Für das Jahr 2016 soll anhand der erhobenen Daten des Statistischen Bundesamtes das Bruttoinlandsprodukt für Deutschland festgestellt werden. *Prüfen* Sie, welche Positionen zum Bruttoinlandsprodukt zählen und *ermitteln* Sie den Wert.

Konsumausgaben der privaten Haushalte, z. B. Brot, Computer **1.678 Mrd. €**	Staatliche Konsumausgaben, z. B. Kosten für medizinische Versorgung **618 Mrd. €**	Zahlung von Löhnen und Gehältern an die privaten Haushalte **1.595 Mrd. €**
Exporte: Verkauf von Gütern an das Ausland, z. B. Autos in die USA **1.432 Mrd. €**	Abschreibungen für den bei der Produktion entstandenen Werteverzehr **552 Mrd. €**	Importe: Einkauf von Gütern aus dem Ausland, z. B. Autos aus Japan **1.190 Mrd. €**
Produktionsabgaben der Unternehmen an den Staat (z. B. Tabaksteuer) **520 Mrd. €**		Subventionszahlungen des Staates an die Unternehmen **208 Mrd. €**
Investitionen der Unternehmen (z. B. Maschinen) **597 Mrd. €**		Zahlung von Pachten, Zinsen sowie Gewinne an die Unternehmerhaushalte **746 Mrd. €**

2 Das Bruttoinlandsprodukt: Ermittlung im Rahmen der Entstehungs-, Verwendungs- und Verteilungsrechnung

C ÜBUNGSAUFGABEN

2.1 BRUTTOINLANDSPRODUKT ANHAND DES GESAMTWIRTSCHAFTLICHEN PRODUKTIONSKONTOS ERMITTELN

Erstellen Sie das gesamtwirtschaftliche Produktionskonto und *ermitteln* Sie das Bruttoinlandsprodukt. Folgende Positionen sind für ein Land gegeben:

> (1) Konsumausgaben der privaten Haushalte (z. B. Brot, Computer) .... 3.000 GE
> (2) Staatliche Konsumausgaben (z. B. Kosten für medizinische Versorgung) .... 1.000 GE
> (3) Investitionen der Unternehmen (z. B. Maschinen) .... 1.200 GE
> (4) Exporte: Verkauf von Gütern an das Ausland (z. B. Autos in die USA) .... 2.000 GE
> (5) Importe: Einkauf von Gütern aus dem Ausland (z. B. Autos aus Japan) .... 1.600 GE
> (6) Bei der Produktion entstandener Werteverzehr (Abschreibungen) .... 700 GE
> (7) Produktionsabgaben der Unternehmen an den Staat (z. B. Tabaksteuer) .... 800 GE
> (8) Subventionszahlungen des Staates an die Unternehmen .... 500 GE
> (9) Zahlung von Löhnen und Gehältern an die privaten Haushalte .... 2.900 GE
> (10) Zahlung von Pachten und Zinsen an die privaten Haushalte .... 600 GE
> (11) Gewinne in den Unternehmen werden an die Unternehmerhaushalte ausbezahlt .... ? GE

2.2 ENTSTEHUNGS-, VERWENDUNGS- UND VERTEILUNGSRECHNUNG UNTERSCHEIDEN

Ermitteln Sie die vier fehlenden Beträge sowie die Lohnquote.   (Beträge jeweils in Tausend Euro)

Entstehungsrechnung Wo ist das BIP entstanden?		Verwendungsrechnung Wofür wurde das BIP verwendet?		Verteilungsrechnung Wie wurde das entstandene Einkommen verteilt?		
Wirtschaftsbereiche	Land- und Forstwirtschaft 200 Produzierendes Gewerbe ① Handel, Gastgewerbe und Verkehr 800 Unternehmensdienstleistungen 1.100 Information, Kommunikation 600 Baugewerbe 500 Finanzen, Versicherungen 600	Private Konsumausgaben 3.000 Staatliche Konsumausgaben 1.000 Investitionen 1.200 Außenbeitrag (Exporte – Importe) ②		Löhne und Gehälter 2.900 Pachten, Zinsen und Gewinne ③		Volkseinkommen 4.600
Produktionsabgaben – Subventionen 300				Produktionsabgaben – Subventionen	300	
				Abschreibungen	700	
				(Saldo der Einkommen aus dem Ausland)	0	
Bruttoinlandsprodukt ④						

Zusatzaufgabe zu 2.2:

Stellen Sie *dar*, in welchen Positionen in der Grafik die Ausbildungsvergütung der Auszubildenden eines Reifengroßhändlers enthalten ist. Nehmen Sie an, dass die Auszubildenden nicht sparen.

2.3 ANTEILE DER WIRTSCHAFTSBEREICHE AM BRUTTOINLANDSPRODUKT ANALYSIEREN

Beschreiben Sie die Aussagekraft des Zahlenmaterials in der nachfolgenden Tabelle.
Beurteilen Sie die Bedeutung ihrer Branche für Wachstum und Beschäftigung in Deutschland.

Entstehung des Bruttoinlandsprodukts in jeweiligen Preisen, Mrd. Euro

Bruttowertschöpfung nach **Wirtschaftsbereichen**	2014	2015	2016
Land- und Forstwirtschaft, Fischerei	20,436	17,351	17,641
Produzierendes Gewerbe ohne Baugewerbe	685,143	707,459	724,584
darunter: Verarbeitendes Gewerbe	604,487	622,608	638,764
Baugewerbe	118,196	124,755	135,336
Handel, Verkehr, Gastgewerbe	413,879	430,167	442,369
Information und Kommunikation	125,372	131,632	137,257
Finanz- und Versicherungsdienstleister	109,951	110,93	110,832
Grundstücks- und Wohnungswesen	285,979	297,278	307,406
Unternehmensdienstleister	289,623	303,258	314,562
Öffentliche Dienstleister, Erziehung, Gesundheit	476,643	497,154	517,895
Sonstige Dienstleister	106,046	109,678	113,767
Alle Wirtschaftsbereiche	2.631,268	2.729,662	2.821,649

Quelle: https://www.destatis.de/DE/ZahlenFakten/GesamtwirtschaftUmwelt/VGR/Inlandsprodukt

Zusatzaufgabe zu 2.3:
Ermitteln Sie die prozentualen Anteile des primären, sekundären und tertiären Sektors an der Bruttowertschöpfung und *beurteilen* Sie deren Bedeutung.

2.4 ANTEILE DER GÜTER AM BRUTTOINLANDSPRODUKT ANALYSIEREN

Beschreiben Sie die Aussagekraft des Zahlenmaterials in der nachfolgenden Tabelle.
Berücksichtigen Sie hierbei auch die Branche Ihres Ausbildungsbetriebs.

Verwendung des Bruttoinlandsprodukts in jeweiligen Preisen, Mrd. Euro

Jahr	Bruttoinlands-produkt	Private Konsum-ausgaben	Konsumausgaben des Staates	Brutto-investitionen	Exporte	Importe
2016	3.133,86	1.677,93	617,45	596,56	1.439,97	1.198,05
2015	3.032,82	1.635,97	583,7	583,61	1.418,79	1.189,25
2014	2.923,93	1.594,36	561,05	577,79	1.334,83	1.144,11
2013	2.826,24	1.565,66	542,23	549,96	1.284,74	1.116,35
2012	2.758,26	1.538,03	519,71	532,53	1.268,32	1.100,33
2011	2.703,12	1.495,53	505,69	569,75	1.211,49	1.079,34
2010	2.580,06	1.446,27	493,34	506,35	1.090,08	955,98
2009	2.460,28	1.413,04	481,21	444,51	930,04	808,52
2008	2.561,74	1.416,73	457,57	534,38	1.113,33	960,27
2007	2.513,23	1.384,9	439,74	521,48	1.080,94	913,83

Quelle: https://www.destatis.de/DE/ZahlenFakten/Indikatoren/LangeReihen/VolkswirtschaftlicheGesamtrechnungen

2.5 LOHNQUOTE UND GEWINNQUOTE ABGRENZEN

Rune ist Arbeitnehmer und in einem Versandhandel als Buchhalter beschäftigt. Maren ist Inhaberin eines Spielwarengeschäftes. Beide erzielen Einkommen aus unterschiedlichen Quellen.

Berechnen Sie für die beiden Jahre die Höhe der Einkommensanteile aus nichtselbstständiger Arbeit (Lohnquote) und aus Unternehmens- und Vermögenseinkommen (Gewinnquote).

Beurteilen Sie, ob sich mit der Verringerung der Lohnquote von Rune auch seine Einkommenssituation verschlechtert hat.

Für die Jahre 2010 und 2016 liegen folgende Angaben vor:

		Einkunftsart	2010	2016
Rune	Buchhaltergehalt	nichtselbstständige Tätigkeit	50.000 €	58.000 €
	Mieteinnahme	Vermietung	5.000 €	18.000 €
	Kursgewinne aus Aktienverkauf	Kapitalvermögen	0 €	3.000 €
Maren	Gewinn als Gesellschafterin eines Spielwarengeschäftes	Gewerbebetrieb	60.000 €	70.000 €
	Geldanlage	Kapitalvermögen	5.000 €	1.000 €
		Summe:	120.000 €	150.000 €

2.6 LOHNQUOTE UND GEWINNQUOTE BERECHNEN UND BEURTEILEN (VERTEILUNGSRECHNUNG)

Ermitteln Sie für den Zeitraum von 2014 bis 2016 die Gewinnquote und Lohnquote.

Erläutern Sie die Aussagekraft der ermittelten Zahlen.

Beurteilen Sie das Ergebnis aus der Sicht der Arbeitnehmer.

		2014	2015	2016
Volkseinkommen	in Milliarden Euro	2.179,5	2.263,2	2.340,7
Arbeitnehmerentgelt	in Milliarden Euro	1.486,4	1.539,0	1.594,0

Bruttoinlandsprodukt				
preisbereinigt	Veränderung in %	1,6	1,7	1,9
in jeweiligen Preisen	in Milliarden Euro	2.923,90	3.032,80	3.133,90

Quelle: https://www.destatis.de/DE/ZahlenFakten/GesamtwirtschaftUmwelt/VGR/Inlandsprodukt/Tabellen/

2.7 NOMINALES UND REALES BRUTTOINLANDSPRODUKT ABGRENZEN

In einer Volkswirtschaft werden drei Arten von Gütern erzeugt und im Bruttoinlandsprodukt berücksichtigt. Für die Jahre 2 und 3 wurden folgende Daten erhoben:

Menge [Jahr 2]	Menge [Jahr 3]	Güter	Preis [Jahr 2]	Preis [Jahr 3]
14 Stück	16 Stück	Autos	20.000 €	19.000 €
180 Paar	160 Paar	Schuhe	80 €	90 €
19.000 kg	20.000 kg	Brote	4 €	5 €

Ermitteln Sie, um wie viel Prozent sich das Bruttoinlandsprodukt im Jahr 3 gegenüber dem Jahr 2 real verändert hat. *Beachten* Sie dabei, dass lediglich die mengenmäßige Veränderung gemessen werden soll.

2.8 VERÄNDERUNGEN DES BRUTTOINLANDSPRODUKTS UND DES VOLKSEINKOMMENS ANHAND STATISTISCHER DATEN ANALYSIEREN

Die nachfolgende Tabelle zeigt für Deutschland die Veränderungen des Bruttoinlandsprodukts und des Volkseinkommens von 2000 bis 2016. *Beschreiben* und *interpretieren* Sie die Aussagekraft des Zahlenmaterials.

Hierbei können folgende *Leitfragen* hilfreich sein:

- Um wieviel Prozent hat sich das Bruttoinlandsprodukt sowie das Volkseinkommen über den gesamten Zeitraum bzw. im Jahresdurchschnitt verändert?
- Welche Jahre sind wirtschaftlich „gute Jahre", welche Jahre sind wirtschaftlich eher „weniger gute Jahre"?

Jahr	Bruttoinlandsprodukt preisbereinigt (real) Index[1]	%	Bruttoinlandsprodukt in jeweiligen Preisen (nominal) Mrd. €	Volkseinkommen in jeweiligen Preisen (nominal) Mrd. €	Bruttoinlandsprodukt in jeweiligen Preisen je Einwohner €	Volkseinkommen in jeweiligen Preisen je Einwohner €
2000	100,00	3,0	2.116,480	1.554,902	25.983	19.089
2001	101,70	1,7	2.179,850	1.596,845	26.741	19.589
2002	101,70	0,0	2.209,290	1.606,653	27.082	19.695
2003	100,99	−0,7	2.220,080	1.612,682	27.224	19.776
2004	102,20	1,2	2.270,620	1.692,538	27.875	20.779
2005	102,92	0,7	2.300,860	1.716,842	28.288	21.108
2006	106,72	3,7	2.393,250	1.811,122	29.483	22.312
2007	110,25	3,3	2.513,230	1.882,314	31.031	23.241
2008	111,46	1,1	2.561,740	1.896,907	31.719	23.487
2009	105,22	−5,6	2.460,280	1.821,545	30.569	22.633
2010	109,53	4,1	2.580,060	1.923,214	32.137	23.955
2011	113,58	3,7	2.703,120	2.028,086	33.673	25.264
2012	114,15	0,5	2.758,260	2.054,548	34.296	25.546
2013	114,72	0,5	2.826,240	2.107,767	35.045	26.136
2014	116,56	1,6	2.923,930	2.179,538	36.105	26.914
2015	118,54	1,7	3.032,820	2.263,202	37.127	27.706
2016	120,79	1,9	3.133,860	2.340,680	37.986	28.372

Quelle: https://www.destatis.de/DE/ZahlenFakten/GesamtwirtschaftUmwelt/VGR/Inlandsprodukt/Tabellen

---

[1] Mit Indexzahlen wird ausgehend von 100 die Entwicklung einer Zahlenreihe dargestellt.

Wirtschaftliches Handeln in der Sozialen Marktwirtschaft analysieren

Kompetenzbereich II

UNTERRICHTSEINHEIT 3:

KRITIK AM BRUTTOINLANDSPRODUKT ALS MASSSTAB FÜR DEN WOHLSTAND EINES LANDES UND ALTERNATIVE WOHLSTANDSINDIKATOREN

Kompetenzbeschreibung des Lehrplanes:

„Die Schülerinnen und Schüler untersuchen die Aussagekraft des Bruttoinlandsprodukts als Maßstab für den Wohlstand eines Landes kritisch und zeigen alternative Wohlstandsindikatoren auf (Lebensstandard, Einkommensverteilung, Bildungsstand der Bevölkerung, Umweltbelastung)."

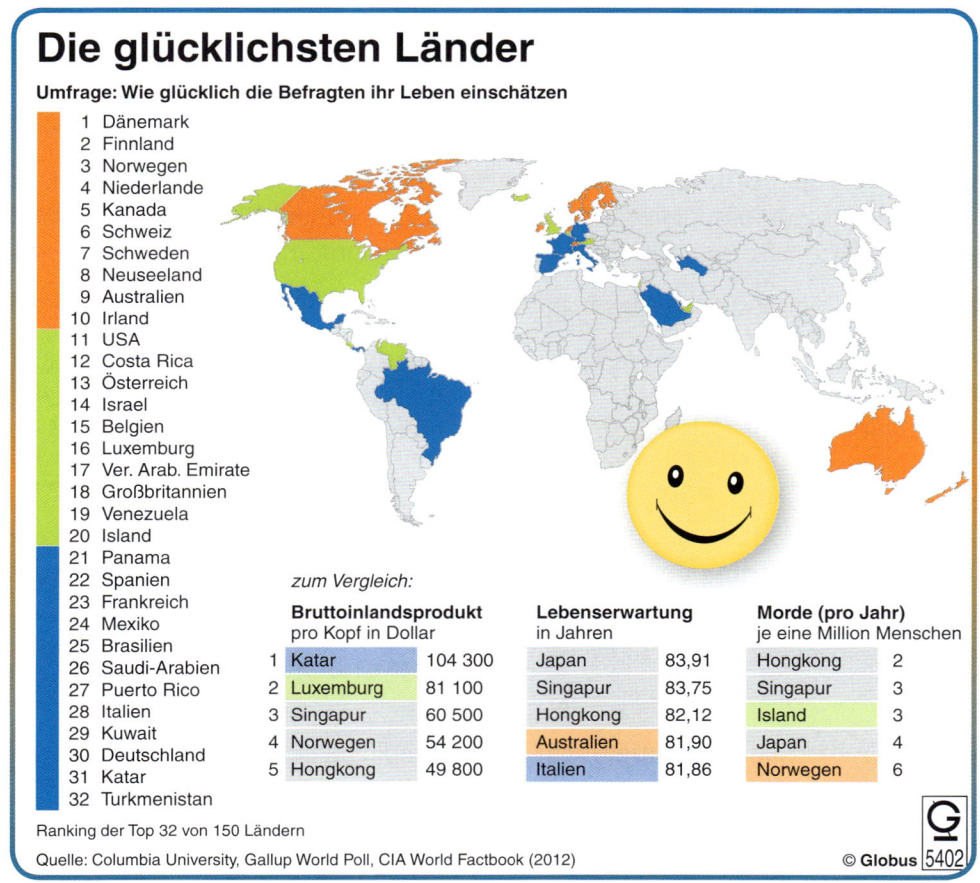

A Grundlagenwissen
1. Kritik am Inlandsprodukt als Wohlstandsindikator 36
2. Soziale Indikatoren als Messgrößen für den Wohlstand 38

B Lernsituation
Die Aussagekraft des Bruttoinlandsprodukts als Maßstab für den Wohlstand eines Landes kritisch untersuchen und alternative Wohlstandsindikatoren aufzeigen 40

C Übungsaufgaben 42

3 KRITIK AM BRUTTOINLANDSPRODUKT ALS MASSTAB FÜR DEN WOHLSTAND EINES LANDES UND ALTERNATIVE WOHLSTANDSINDIKATOREN

A GRUNDLAGENWISSEN

1 KRITIK AM INLANDSPRODUKT ALS WOHLSTANDSINDIKATOR[1]

Wenn von Wohlstand die Rede ist, geht es vor allem um das Bruttoinlandsprodukt. Das BIP umfasst den Wert aller Güter, die in einer bestimmten Periode im Inland produziert wurden. Zur Beurteilung der Wohlstandsmehrung eines Landes wird die **reale prozentuale Veränderung des Inlandsprodukts** gegenüber dem Vorjahr zugrunde gelegt.

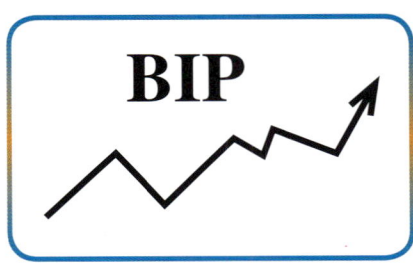

Um die Entwicklung einer Volkswirtschaft im Zeitablauf besser vergleichen zu können oder um mehrere Volkswirtschaften zu vergleichen, wird häufig das **Inlandsprodukt pro Kopf** verwendet. Ein steigendes Inlandsprodukt pro Kopf bedeutet „im Durchschnitt" eine bessere materielle Güterversorgung. Bei näherer Betrachtung wird jedoch deutlich, dass eine rein zahlenbasierte, also **quantitative** Wohlstandsmessung mit vielen Probleme verbunden ist.

Erfassungs-, Bewertungs- und Zurechnungsprobleme

① Da viele Waren und Leistungen nicht auf Märkten gehandelt werden, gibt es dafür auch keinen Marktpreis. Diese Güter werden nicht in der amtlichen Statistik berücksichtigt oder gehen nur als Schätzgröße in die Berechnung des Bruttoinlandsprodukts ein.

BEISPIEL

Hausfrauenarbeit, Nachbarschaftshilfe, ehrenamtliche oder freiwillige Tätigkeiten werden nicht im Inlandsprodukt berücksichtigt. ➡ Es handelt sich um **soziale Leistungen.**

Ohne Rechnung erbrachte Lieferungen und Leistungen werden geschätzt. ➡ Es handelt sich um die sogenannte **„Schattenwirtschaft".**

② Das Bruttoinlandsprodukt berücksichtigt nicht unterschiedliche Güterqualitäten. Es werden bei der Berechnung lediglich die Gütermengen und Güterpreise zugrunde gelegt.

BEISPIEL

Die Produktion von langlebigen Energiesparlampen erhöht das Inlandsprodukt weniger als die Herstellung von vielen Glühbirnen mit kurzer Lebensdauer.

---

1 Indikator (lateinisch indicare, „anzeigen") bedeutet „einen Hinweis auf einen bestimmten Sachverhalt geben"

3 Kritik am Bruttoinlandsprodukt als Maßstab für den Wohlstand eines Landes und alternative Wohlstandsindikatoren

③ Das Bruttoinlandsprodukt gibt keine Auskunft über die Verteilung des Einkommens in der Bevölkerung.

> **BEISPIEL**
> Als Folge einer Steigerung des Inlandsprodukts erhöht sich auch das Volkseinkommen in einem Land. Noch nicht geklärt ist aber, auf welche Weise dieser Einkommenszuwachs innerhalb der Bevölkerung verteilt wird. Es könnte z. B. sein, dass „wenige Reiche" ihr Einkommen deutlich erhöhen, während „viele Arme" sogar ein geringeres Einkommen erzielen.

④ Das Bruttoinlandsprodukt berücksichtigt nicht Schäden, welche die Allgemeinheit zu tragen hat, weil die Verursacher nicht dafür verantwortlich gemacht werden.

> **BEISPIEL**
> Autoverkehr führt in vielen Städten zu einer hohen Luftverschmutzung. Die Anwohner einer stark befahrenen Straße erkranken an Asthma. ➔ Es handelt sich um **soziale Kosten.**

⑤ Das Bruttoinlandsprodukt berücksichtigt Umwelt- und Unfallschäden nicht korrekt.

> **BEISPIEL**
> Die Verschmutzung der Meere mit Plastikmüll wird nicht als Umweltverschmutzung erfasst.
>
> Nach einem Autounfall wird der beschädigte Pkw repariert. Dieser Unfallschaden wird als Wohlstandserhöhung erfasst, obwohl lediglich ein bereits erreichter Zustand wiederhergestellt wird.

⑥ Das Bruttoinlandsprodukt bewertet unentgeltlich abgegebene staatliche Leistungen nach den anfallenden Kosten. Dies gibt nicht unbedingt die tatsächliche Wertschöpfung wieder.

> **BEISPIEL**
> Der Staat baut eine neue Straße durch ein Naturschutzgebiet.
>
> In der Berufsschule werden die Berufsschüler von staatlichen Lehrern unterrichtet.

Um die Aussagekraft des Bruttoinlandsprodukts zu erhöhen, müsste das BIP korrigiert werden. Beispielsweise wird die Hausfrauentätigkeit hinzugerechnet und Umweltschäden werden abgezogen.

> **MERKE**
> **Das Bruttoinlandsprodukt erfasst die wirtschaftliche Leistung eines Landes. Es kann jedoch wegen Erfassungs-, Bewertungs- und Zurechnungsproblemen nicht unkritisch als Maßstab für den Wohlstand eines Landes und seine Entwicklung eingesetzt werden.**

2 SOZIALE INDIKATOREN ALS MESSGRÖSSEN FÜR DEN WOHLSTAND

Im Bruttoinlandsprodukt fehlen Aussagen über die in der Bevölkerung empfundene Lebensqualität. Eine Erhöhung des Inlandsprodukts bedeutet nicht ohne weiteres eine Steigerung des Wohlstandes eines Landes. Das Wohlergehen der Menschen hängt nicht nur von der Menge der bereitgestellten materiellen Güter ab, sondern auch von immateriellen Gütern wie z. B. Freiheit, soziale Sicherheit, Freizeit und Umwelterhaltung. Dies wird auch mit dem Begriff **Lebensqualität** zum Ausdruck gebracht. Seit Jahren sind Ökonomen damit beschäftigt alternative Messgrößen zum Bruttoinlandsprodukt zu entwickeln:

> **BEISPIEL**
> Human Development Index (HDI, Index der menschlichen Entwicklung);
> Happy Planet Index (HPI, Index des glücklichen Planten; Big-Mac-Index);
> 38 Nachhaltigkeitsindikatoren des Statistischen Bundesamtes

Das Inlandsprodukt lässt in erster Linie quantitative Aussagen über die materielle Güterversorgung zu. Für die Bevölkerung bedeutsame Bereiche wie Gesundheits- und Bildungsstand bleiben dagegen unberücksichtigt. Deshalb wird von Experten vorgeschlagen, das Inlandsprodukt als Messgröße für Wohlstandsveränderungen durch soziale Messgrößen (Indikatoren) zu ergänzen.

Indikator: **Lebensstandard**
Bezeichnung für den wirtschaftlichen Wohlstand, d.h. den Grad der Versorgung von Personen oder Haushalten in einer Volkswirtschaft mit Gütern und Dienstleistungen.
Quelle: Bundeszentrale für politische Bildung (bpb)

Indikator: **Einkommensverteilung**

Indikator: **Bildungsstand der Bevölkerung**

Indikator: **Umweltbelastung**

3 Kritik am Bruttoinlandsprodukt als Maßstab für den Wohlstand eines Landes und alternative Wohlstandsindikatoren

Aber auch mithilfe sozialer Indikatoren wird das Problem, die Entwicklung des Wohlstandes zu messen, nicht zufriedenstellend und ohne Probleme gelöst. Ist es beispielsweise als eine Wohlstandsmehrung anzusehen, wenn die Zahl der Krankenhausbetten steigt, oder ist dies möglicherweise ein Anzeichen für die Verschlechterung des Gesundheitszustands der Bevölkerung? Neben den sonstigen Mess- und Erhebungsfehlern ist eine der Hauptschwierigkeiten dadurch bedingt, dass solche Begriffe wie **„Wohlstand"** und **„Lebensqualität"** nicht eindeutig sind.

Auch in Deutschland stellte man sich dem Problem der Wohlstandsmessung. Eine Enquete-Kommission des Bundestages wurde damit beauftragt, Alternativen zur Vermessung des Wohlstands vorzuschlagen. Die nachfolgende Abbildung fasst die Ergebnisse der Kommission zusammen. Für **drei Bereiche** gibt es Leitindikatoren und sogenannte „Warnlampen". Der materielle Wohlstand wurde um soziale und ökologische Kriterien ergänzt. Somit ist das Bruttoinlandsprodukt nur noch eine Größe neben Faktoren wie Bildung, Gesundheit, Freiheit und Artenvielfalt.

> Welche Aufschlüsse kann diese „Wohlstandsmatrix" über unser tatsächliches Wohlstandsniveau geben?

Wohlstand – anders vermessen

Bislang gilt das Bruttoinlandsprodukt (BIP) und seine Wachstumsrate als Maßstab, um den Wohlstand eines Landes zu messen. Eine Bundestags-Kommission hat Vorschläge für einen breiteren und nachhaltigeren Wohlstandsbegriff gemacht. Er umfasst drei Bereiche mit zehn **Leitindikatoren** und sogenannten **Warnlampen**.

Bereiche	€ Materieller Wohlstand	Soziales und Teilhabe	Ökologie
Leitindikatoren	• BIP	• Beschäftigung	• Treibhausgasemissionen national
	• Einkommensverteilung	• Bildung	• Stickstoffüberschuss national
	• Staatsschulden	• Gesundheit (Lebenserwartung)	• Artenvielfalt national
		• Freiheit	
Warnlampen	• Nettoinvestitionen	• Qualität der Arbeit	• Treibhausgasemissionen international
	• Vermögensverteilung	• Weiterbildung	• Stickstoffüberschuss international
	• Finanzielle Nachhaltigkeit des Privatsektors	• Gesundheit (gesunde Lebensjahre)	• Artenvielfalt international
außerdem Hinweislampe	• Nicht-marktvermittelte Produktion (z. B. Hausarbeit, ehrenamtliche Tätigkeit)		

Stand 2013
Quelle: Deutscher Bundestag
© Globus 5999

3 Kritik am Bruttoinlandsprodukt als Maßstab für den Wohlstand eines Landes und alternative Wohlstandsindikatoren

B LERNSITUATION
Die Aussagekraft des Bruttoinlandsprodukts als Maßstab für den Wohlstand eines Landes kritisch untersuchen und alternative Wohlstandsindikatoren aufzeigen.

SITUATIONSBESCHREIBUNG *Einstieg in die Lernsituation*

Jonah hat im zweiten Ausbildungsjahr eine Erhöhung der Ausbildungsvergütung um 80 € bekommen. Da er noch zu Hause bei seinen Eltern wohnt, geht es ihm mit seinen 650 € monatlich recht gut. Zufällig stößt er im Internet auf ein Forum, in welchem Jugendliche beschreiben, was sie unter Wohlstand verstehen. Jonah liest im Internet vier Einträge und überlegt, wie er sich Wohlstand vorstellt.

Was ist Wohlstand?

① „Freunde und Familienrückhalt, seelisch und körperlich zufrieden zu sein."

② „Wenn man 10.000 € im Monat verdient, obwohl man nur 2.600 € im Monat braucht."

③ „Ohne Existenzangst zu leben, genug zum Essen und Trinken zu haben."

④ „Wenn die Wirtschaft jedes Jahr kräftig wächst, sodass sich immer mehr Menschen immer mehr leisten können."

Wie ist zu erklären, dass es so unterschiedliche Vorstellungen von Wohlstand gibt?
Was verstehen Sie unter Wohlstand und welche Merkmale sind Ihnen besonders wichtig?

> Erkenntnisleitende Fragestellung für diese Lernsituation:
> **Mit welchen Größen lässt sich der Wohlstand eines Landes messen?**

3 Kritik am Bruttoinlandsprodukt als Maßstab für den Wohlstand eines Landes und alternative Wohlstandsindikatoren

AUFTRÄGE

Übergreifender Handlungsauftrag mit Handlungsprodukt:

Beschreiben Sie die Kritik am Bruttoinlandsprodukt als Wohlstandsindikator und erklären Sie, mit welchen Größen der Wohlstand eines Landes gemessen werden kann. *Schreiben* Sie wie Jonah in wenigen Sätzen auf, was Sie persönlich unter Wohlstand verstehen.

Handlungsaufträge:

1. **Aussagen zum Wohlstand bewerten**

   Bringen Sie die vier Interneteinträge auf Seite 40 (①, ②, ③, ④) in eine Reihenfolge und *beginnen* Sie mit der Aussage, der Sie am ehesten zustimmen.

2. **Kritik am Bruttoinlandsprodukt überprüfen**

   Es wird zuweilen behauptet, das Bruttoinlandsprodukt erfasse den tatsächlichen Wohlstand eines Landes nicht korrekt. *Überlegen* Sie sich anhand der nachfolgenden Beispiele, ob diese Kritik am Bruttoinlandsprodukt (BIP) gerechtfertigt ist.

   → *Werden die nachfolgenden Vorgänge angemessen im BIP erfasst?*

   (1) Jonah kauft sich für 400 € ein neues Fahrrad.

   (2) Jonah trägt am Wochenende für einen Stundenlohn von 9 € Werbeprospekte aus. Einem Jungen in der Nachbarschaft gibt er für 12 € in der Stunde Nachhilfe.

   (3) Jonah trainiert die F-Jugend und erhält vom Fußballverein jährlich 50 €.

   (4) Jonah konnte nach einem Fahrradunfall eine Woche nicht arbeiten. Die Arztkosten von 260 € hat seine Krankenkasse vollständig übernommen. Das Fahrrad ließ er für 80 € reparieren.

   (5) Jonah besucht an zwei Tagen in der Woche die Berufsschule.

   (6) Ein Nachbar von Jonah verbrennt auf einem Feld mehrere Altreifen.

   (7) Jonah geht gerne im Wald spazieren, auch weil ihm die Waldluft gut bekommt.

3. **Recherche im Internet zur Wohlstandsmessung durchführen**

   Informieren Sie sich im Internet über alternative Wohlstandsindikatoren.

   Geben Sie einen Gesamtüberblick und *stellen* Sie einen der beiden nachfolgenden Ansätze mithilfe einer schriftlichen Zusammenfassung vor.

Vorschläge zur alternativen Wohlstandsmessung	
Gruppe I	**Gruppe II**
Human Development Index (HDI)	Happy Planet Index (HPI)

   http://www.laenderdaten.de/glossar/wohlstandsindikatoren.aspx

4. **Eigene Vorstellungen von Wohlstand beschreiben**

   Beschreiben Sie in wenigen Sätzen, was Sie unter Wohlstand verstehen und wie dieser nach Ihrer Ansicht gemessen werden kann.

C ÜBUNGSAUFGABEN

3.1 AUSWIRKUNGEN VON VORGÄNGEN AUF DEN WOHLSTAND UNTERSUCHEN

Beschreiben Sie, welche Auswirkungen die beiden nachfolgend dargestellten Vorgänge auf den Wohlstand eines Landes haben.

Beurteilen Sie, ob die beiden Vorgänge bzw. die Folgen angemessen im Bruttoinlandsprodukt berücksichtigt werden. Was *schließen* Sie aus Ihren Ergebnissen?

Schwerer Verkehrsunfall mit mehreren Schwerverletzten und Sachschaden.

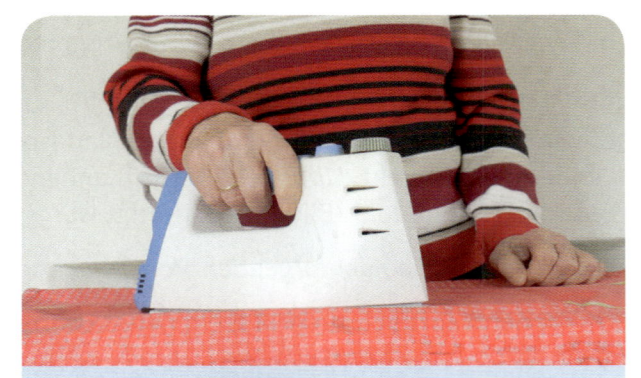

Eine Hausfrau bügelt die Wäsche der Familie.

3.2 WOHLSTAND VON VOLKSWIRTSCHAFTEN VERGLEICHEN

Beurteilen Sie mithilfe der Werte der nachfolgenden Tabelle, welches Land einen höheren Wohlstand hat.

Indikatoren (jeweils Jahresbetrachtung)	Deutschland	Türkei	Katar
Einwohnerzahl	80,8 Mio.	79,4 Mio.	2,2 Mio.
Bruttoinlandsprodukt (BIP) pro Kopf	47.400 US-$	20.500 US-$	145.000 US-$
Öffentliche Bildungsausgaben (Anteil am BIP)	5,1 %	2,9 %	2,5 %
Jugendarbeitslosigkeit (15–24 Jahre)	8,1 %	17,5 %	1,3 %
Inflationsrate	0,8 %	8,9 %	3,1 %
Sterberate (Todesfälle pro 1.000 Personen)	11,4	5,8	1,5
Lebenserwartung bei Geburt in Jahren	80,3	73,0	78,2

Quelle: http://www.laenderdaten.de

3.3 ALTERNATIVE WOHLSTANDSINDIKATOREN BESCHREIBEN

Eine Arbeitsgruppe des Deutschen Bundestages („Enquete-Kommission") schlägt zur Wohlstandsmessung zehn Indikatoren vor. *Erläutern* Sie mithilfe der Grafik auf Seite 39, in welcher Weise dabei die nachfolgenden Indikatoren berücksichtigt wurden. *Begründen* Sie die Bedeutsamkeit dieser Indikatoren.

- Lebensstandard
- Einkommensverteilung
- Bildungsstand der Bevölkerung
- Umweltbelastung

3.4 GRAFIK „DIE GLÜCKLICHSTEN LÄNDER" AUSWERTEN

Beschreiben Sie die Aussagekraft der Grafik auf Seite 35.
Formulieren Sie dazu Ihre persönliche Meinung.

Hierbei können folgende *Leitfragen* hilfreich sein:

- Welche Wohlstandsindikatoren lassen sich der Grafik entnehmen?
- Wie ist die Platzierung von Deutschland zu beurteilen?
- In welchem „glücklichen" Land würden Sie gerne leben?
- Mit welchen Maßnahmen kann eine Regierung ihre Bürger „glücklicher" machen?

3.5 DISKUSSION ZUM BRUTTOINLANDSPRODUKT ALS WOHLSTANDSINDIKATOR DURCHFÜHREN

Folgende Behauptung soll diskutiert werden:

> „Je höher das Bruttoinlandsprodukt, desto höher ist der Wohlstand eines Landes."

Bereiten Sie sich mithilfe der Ihnen vorliegenden Materialien auf eine Diskussion vor. *Bilden* Sie eine Pro- und eine Kontragruppe mit je vier Teilnehmern und *diskutieren* Sie nach folgendem Muster:

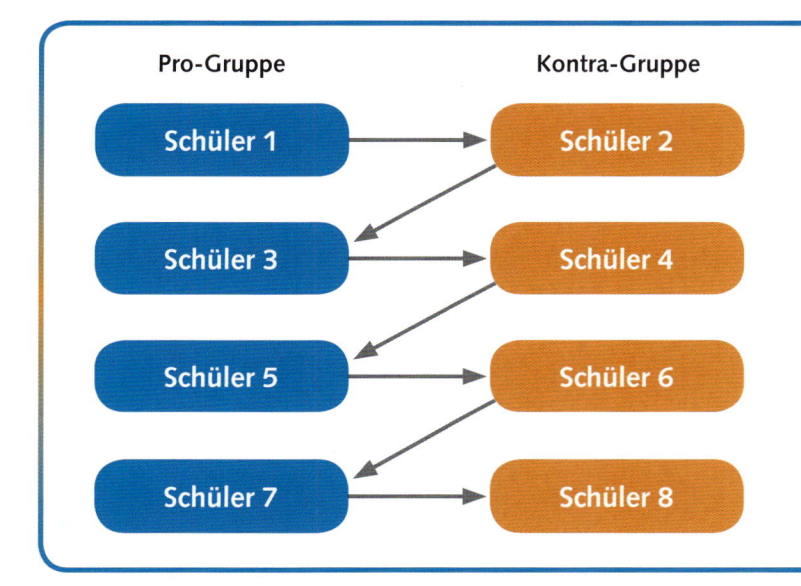

Pro-Gruppe / **Kontra-Gruppe**

Schüler 1 → Schüler 2
Schüler 3 → Schüler 4
Schüler 5 → Schüler 6
Schüler 7 → Schüler 8

Ablauf der Pro- und Kontra-Methode:

Schüler 1 erläutert gegenüber Schüler 2 ein Argument, welches die obige Aussage unterstützt.

Schüler 2 greift das Argument von Schüler 1 auf, versucht es zu widerlegen und formuliert gegenüber Schüler 3 ein neues Argument

Schüler 3 greift das Argument von Schüler 2 auf, versucht es zu widerlegen und ... usw.

Die nicht diskutierenden Schüler beobachten die Diskussion aufmerksam nach zuvor vereinbarten Fragestellungen: z. B. Argumente, Stimmeinsatz, Körpersprache und geben danach eine Rückmeldung.

Zusatzaufgabe: Wohlstandsmessung im Königreich Bhutan

Der König des südasiatischen Kleinstaates Bhutan entschied sich vor über 30 Jahren für das **„Bruttonationalglück"** als Maß für den Wohlstand seines Volkes. Statt auf rein ökonomischen Faktoren wie das Bruttoinlandsprodukt (BIP) basiert dies auf buddhistischen Prinzipien und Werten, die Nachhaltigkeit und die eigene nationale Identität beinhalten.

Zwei von zahlreichen Links:
https://www.nachhaltigkeit.info/artikel/bruttoinlandsglueck_in_buthan_1869.htm
http://www.lebe-liebe-lache.com/articles/70/700/bhutan-bruttonationalglueck-fuer-alle/

Beschreiben und *kommentieren* Sie die Wohlstandsmessung im Königreich Bhutan.

Kompetenzbereich

II

Wirtschaftliches Handeln in der Sozialen Marktwirtschaft analysieren

UNTERRICHTSEINHEIT 4:
GRUNDGEDANKEN UND ORDNUNGSMERKMALE DER SOZIALEN MARKTWIRTSCHAFT

Kompetenzbeschreibung des Lehrplanes:

„Die Schülerinnen und Schüler beschreiben den Grundgedanken und die Ordnungsmerkmale (Rolle des Staates, Eigentumsform, Verträge, Produktion/Handel, Konsum, Arbeitsmarkt, Berufs-/Arbeitsplatzwahl) der Sozialen Marktwirtschaft in der Bundesrepublik Deutschland und untersuchen den Einfluss dieses Ordnungsrahmens auf einzelbetriebliches und privates Handeln."

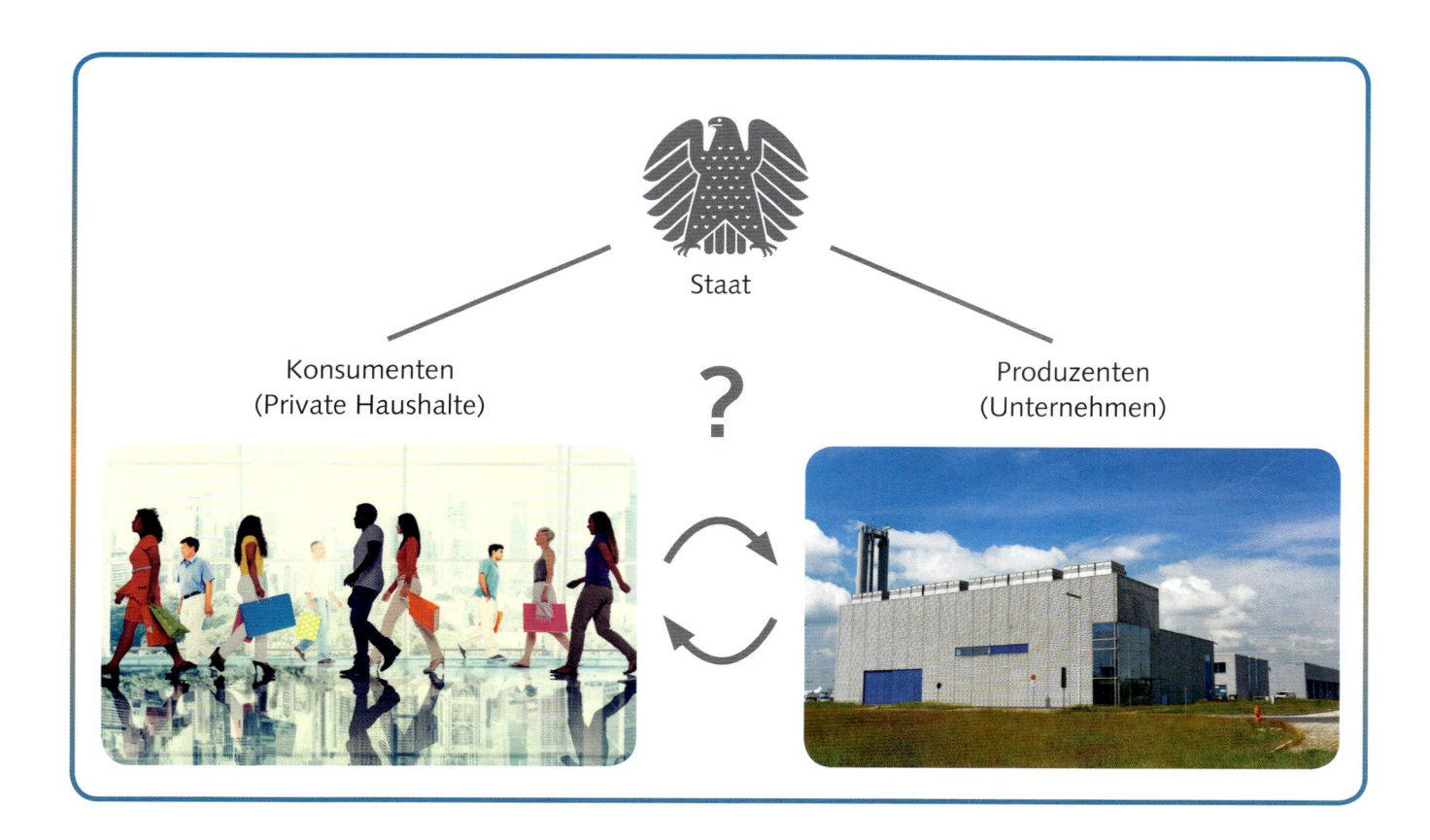

Staat

Konsumenten (Private Haushalte)   ?   Produzenten (Unternehmen)

A Grundlagenwissen
1. Modell der freien Marktwirtschaft als Grundlage der Sozialen Marktwirtschaft 46
2. Grundgedanken der Sozialen Marktwirtschaft 48
3. Ordnungsmerkmale der Sozialen Marktwirtschaft 50

B Lernsituationen
- B1 Idealtypische Wirtschaftsordnungen unterscheiden 51
- B2 Grundgedanken und Ordnungsmerkmale der Sozialen Marktwirtschaft beschreiben 54

C Übungsaufgaben 56

4 GRUNDGEDANKEN UND ORDNUNGSMERKMALE DER SOZIALEN MARKTWIRTSCHAFT

A GRUNDLAGENWISSEN

1 MODELL DER FREIEN MARKTWIRTSCHAFT[1] ALS GRUNDLAGE DER SOZIALEN MARKTWIRTSCHAFT

Jede arbeitsteilig organisierte Gesellschaft benötigt einen Ordnungsrahmen, der den Wirtschaftsteilnehmern Regeln und Normen für das wirtschaftliche Handeln vorgibt. Die Einzelpläne der Produzenten und Konsumenten müssen aufeinander abgestimmt werden. Im Rahmen einer **Wirtschaftsordnung** ist zu klären, in welcher Weise der Staat in die Wirtschaft eingreift.

> **MERKE**
> Eine Wirtschaftsordnung ist die Gesamtheit aller Rahmenbedingungen (z. B. gesetzliche Vorgaben), innerhalb derer die Wirtschaftsbeziehungen und wirtschaftlichen Veränderungen in einer Volkswirtschaft ablaufen.

Adam Smith hat im 18. Jahrhundert eine auf den Vorstellungen des Individualismus basierende Wirtschaftsordnung beschrieben. Danach steht der einzelne Mensch – das Individuum – im Mittelpunkt. Eine Wirtschaftsordnung soll danach die freie wirtschaftliche Entfaltung der Menschen nicht beschränken **(= Liberalismus)**.

Das Modell dieser Wirtschaftsordnung wird als **freie Marktwirtschaft** bezeichnet. Der Staat hat lediglich die Aufgabe, Schutz, Sicherheit und Eigentum der Bürger zu gewährleisten, ein Zahlungsmittel bereitzustellen sowie das Rechtssystem zu erhalten (**„Nachtwächterstaat"**). Adam Smith beschreibt die Antriebskraft des menschlichen Handelns wie folgt: *„Es ist nicht das Wohlwollen des Fleischers, Brauers oder Bäckers, dem wir unser Abendessen verdanken, sondern nur deren Rücksicht auf eigene Interessen. Wir appellieren nicht an ihre Menschlichkeit, sondern an ihre Eigenliebe; wir reden niemals über unsere eigenen Wünsche mit ihnen, sondern über ihren Nutzen."*

Adam Smith (1723–1790) gilt als Begründer der freien Marktwirtschaft

(A. Smith, Der Wohlstand der Nationen, Eine Untersuchung seiner Natur und seiner Ursachen, deutsche Übersetzung nach der 5. Aufl., London 1789, von H. C. Recktenwald, 7. Aufl., München 1996).

Jeder Produzent und Konsument orientiert sich bei seinem wirtschaftlichen Handeln an seinen eigenen Interessen (z. B. Gewinnmaximierung, Nutzenmaximierung). Die Pläne der Wirtschaftsteilnehmer treffen auf den jeweiligen Märkten aufeinander. Auf den Märkten bilden sich Preise für die gehandelten Güter gemäß Angebot und Nachfrage. Die Marktpreise entscheiden darüber, inwieweit die Pläne jedes Wirtschaftsteilnehmers realisiert werden können. Diese „Rückmeldung" des Marktes an die Wirtschaftsteilnehmer beeinflusst ihr zukünftiges wirtschaftliches Handeln. Die freie Preisbildung auf den Märkten steuert wie durch eine „unsichtbare Hand" das gesamte Wirtschaftsgeschehen. Durch das individuelle Streben des Einzelnen wird gleichzeitig – wenn auch unbeabsichtigt – das Gemeinwohl am besten gefördert **(Eigennutz = Gemeinnutz)**.

> **MERKE**
> In der freien Marktwirtschaft wird jedem Einzelnen wirtschaftliche Entscheidungs- und Handlungsfreiheit gewährt. Der Staat verzichtet auf Eingriffe in das Wirtschaftsgeschehen und überlässt allein dem Markt die Steuerung der Wirtschaft.

---
[1] Das Modell der **freien Marktwirtschaft** soll als Grundlage der Sozialen Marktwirtschaft vorangestellt werden, obwohl es sich nicht aus dem Lehrplan ableiten lässt. Das Modell der **Zentralverwaltungswirtschaft**, das auf **Karl Marx** (1818–1883) zurückgeht, wird an dieser Stelle nicht behandelt.

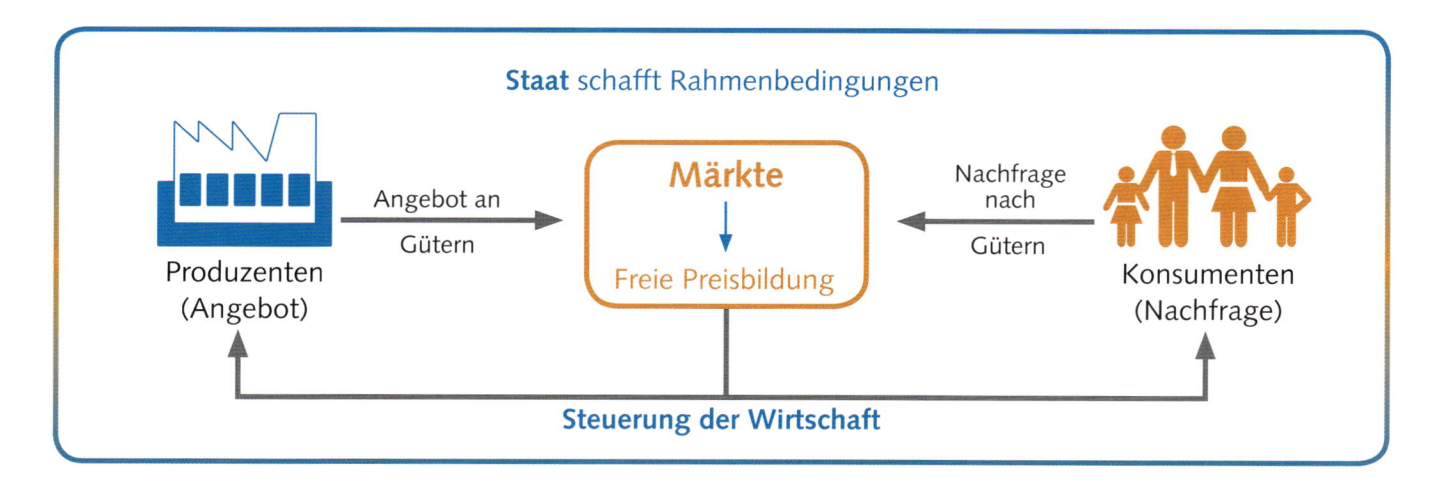

4 Grundgedanken und Ordnungsmerkmale der Sozialen Marktwirtschaft

Staat schafft Rahmenbedingungen

Produzenten (Angebot) → Angebot an Gütern → **Märkte** – Freie Preisbildung ← Nachfrage nach Gütern ← Konsumenten (Nachfrage)

Steuerung der Wirtschaft

Die freie Marktwirtschaft wird durch folgende **Ordnungsmerkmale** gekennzeichnet:

- **Privateigentum an Produktionsmitteln:** Die Unternehmen besitzen die private Verfügungsgewalt an Produktionsmitteln (z. B. Maschinen, Fahrzeuge, Gebäude), um sich bei der Aufstellung und Umsetzung ihrer Produktionspläne frei entscheiden zu können.
- **Vertragsfreiheit:** Die Wirtschaftsteilnehmer schließen untereinander Verträge ab und bestimmen deren Inhalte selbst. Dies ist Voraussetzung für einen freien Austausch von Gütern auf den Märkten.
- **Konsumfreiheit:** Die Konsumenten bestimmen selbst, welche Güter sie mit ihrem Einkommen kaufen und welche Güter sie nicht kaufen. Die Anbieter erhalten dadurch Informationen über die Konsumentenwünsche und richten ihre Produktionspläne danach aus.
- **Gewerbe- und Produktionsfreiheit:** Die Produzenten entscheiden selbst, welches Gewerbe sie betreiben und welche Güter sie in welchen Mengen und mit welchem Produktionsverfahren herstellen.
- **Wahl von Beruf und Arbeitsplatz:** Die Menschen können ihren Beruf und ihren Arbeitsplatz frei wählen. Sie müssen sich jedoch hierzu auf dem jeweiligen Arbeitsmarkt gegenüber anderen Mitbewerbern durchsetzen.

Das Modell der freien Marktwirtschaft beschreibt als Idealtyp eine unter ganz bestimmten Bedingungen funktionsfähige Wirtschaftsordnung. In Westeuropa gab es im 19. Jahrhundert ausgehend von England auch in Deutschland oder Frankreich real existierende Wirtschaftsordnungen, die dem Modell einer freien Marktwirtschaft sehr nahe kamen. Auf der Grundlage dieser historischen Erfahrungen lassen sich rein marktwirtschaftliche Ordnungen wie folgt beurteilen:

Beurteilung einer _rein_ marktwirtschaftlichen Ordnung	
🙂	☹
• Unbegrenzte Freiheiten und freie Entfaltung des Einzelnen in allen wirtschaftlichen Fragen. • Ein funktionierender Wettbewerb sorgt für eine hohe Motivation aller Wirtschaftsteilnehmer. • Eine leistungsstarke Wirtschaft erhöht das Wirtschaftswachstum und den Wohlstand des Landes.	• Unsoziale Einkommens- und Vermögensverhältnisse lassen Arme immer ärmer und Reiche immer reicher werden. • Absprachen zwischen den Unternehmen führen zu Wettbewerbsbeschränkungen (Kartelle, Monopolbildungen). • Soziale Missstände durch fehlende soziale Absicherungen und Versagen des Arbeitsmarktes (hohe Arbeitslosigkeit, geringes Lohnniveau).

2 GRUNDGEDANKEN DER SOZIALEN MARKTWIRTSCHAFT

Die **"Freiburger Schule"** war ein Kreis von Wirtschaftswissenschaftlern und Theologen, die sich während der Zeit des Dritten Reiches in Freiburg trafen und sich Gedanken machten, wie eine Wirtschaftsordnung in Deutschland nach dem erhofften Zusammenbruch des NS-Regimes aussehen könnte. Nach 1945 stand die „Freiburger Schule" den Besatzungsmächten Frankreich, Großbritannien und USA beim Aufbau der Wirtschaftsstruktur Deutschlands beratend zur Seite.

Walter Eucken – ein Hauptvertreter dieses **liberalen Kreises** – wollte eine Wirtschaftsordnung, die zugleich *funktionsfähig* und *menschenwürdig* ist. Er vertrat die Auffassung, dass die „Funktionsfähigkeit" nur durch eine **marktwirtschaftliche Ordnung** gewährleistet werden kann, weil die Motivation der Einzelnen mit zunehmender persönlicher Freiheit wächst. Die Wirtschaftsprozesse sollten also durch den freien Markt und Wettbewerb gelenkt werden. Dem Staat fällt im Rahmen seiner **Wirtschaftspolitik** die Aufgabe zu, für Wettbewerb zu sorgen und diesen zu sichern. Ein funktionierender Wettbewerb kommt auch unteren Einkommensschichten zu gute. Beispielsweise werden überhöhte Preise, die Monopolgewinne beinhalten, verhindert. Es kann jedoch – beispielsweise wegen fehlender Chancengleichheit – weiterhin zu **sozial unerwünschten Marktergebnissen** kommen. Deswegen muss der Staat zusätzlich **Sozialpolitik** betreiben, also im Gegensatz zur freien Marktwirtschaft korrigierend in das Marktgeschehen eingreifen.

Walter Eucken
(1891–1950) gilt als der „geistige Vater" der Sozialen Marktwirtschaft

> **MERKE**
> In einer Wirtschaftsordnung, die sich am Leitbild der Sozialen Marktwirtschaft orientiert, wird das Marktgeschehen durch den freien Markt und Wettbewerb gelenkt. Der Staat greift korrigierend ein, wenn das Marktergebnis sozial unerwünscht ist oder als ungerecht angesehen wird.

Ludwig Erhard war der erste Wirtschaftsminister der Bundesrepublik Deutschland und führte eine Wirtschaftsordnung ein, die auf der Konzeption der Sozialen Marktwirtschaft[1] beruht.

Der **"Weg zur Sozialen Marktwirtschaft"** wurde 1948 durch zwei Entscheidungen geebnet, die maßgeblich von Ludwig Erhard bestimmt wurden:

- Durch das **"Leitsätzegesetz"** trat an Stelle von amtlich festgesetzten Preisen die freie Preisbildung auf den Märkten.

- Durch die **"Währungsreform"** trat an Stelle der wertlosen Reichsmark die Deutsche Mark.

Trotz einiger Anfangsschwierigkeiten (steigende Preise, zunehmende Arbeitslosigkeit) gelang der deutschen Wirtschaft in den fünfziger Jahren eine Aufbauleistung, die häufig als **"Deutsches Wirtschaftswunder"** bezeichnet wird.

Ludwig Erhard
(1897–1977) gilt als der „politische Vater" der Sozialen Marktwirtschaft

---

[1] Die Bezeichnung *Soziale Marktwirtschaft* wurde 1946 von **Alfred Müller-Armack,** einem Professor für Volkswirtschaftslehre an der Universität Köln, geprägt.

Das Grundgesetz der Bundesrepublik Deutschland aus dem Jahr 1949 gibt keine bestimmte Wirtschaftsordnung vor. Einzelne Artikel des Grundgesetzes wie z. B. **Art. 20** bringen jedoch bestimmte Werthaltungen zum Ausdruck:

> **Artikel 20 Verfassungsgrundsätze ...**
> (1) Die Bundesrepublik Deutschland ist ein **demokratischer** und **sozialer** Bundesstaat. ...

Wegen der fehlenden sozialen Komponente widerspricht eine rein marktwirtschaftliche Ordnung (freie Marktwirtschaft) Artikel 20 des Grundgesetzes und wäre somit verfassungswidrig. Eine sich am Leitbild der Sozialen Marktwirtschaft orientierende Wirtschaftsordnung ist eine **mögliche,** jedoch **nicht** die **einzig mögliche** Wirtschaftsordnung, die mit dem Grundgesetz vereinbar ist. Auf diese Weise kann sich die Wirtschaftsordnung im Rahmen der vorgegebenen Werte des Grundgesetzes weiterentwickeln.

Artikel 2 garantiert ein allgemeines Freiheitsrecht. Hieraus lassen sich für den wirtschaftlichen Bereich die **Vertragsfreiheit,** die **Konsumfreiheit** sowie die **Gewerbe- und Produktionsfreiheit** ableiten. Allerdings werden diese Freiheitsrechte begrenzt, wenn die „Rechte anderer verletzt werden" oder gesetzliche Bestimmungen vorliegen.

> **Artikel 2 Allgemeines Freiheitsrecht**
> (1) Jeder hat das Recht auf die freie Entfaltung seiner Persönlichkeit, soweit er nicht die Rechte anderer verletzt und nicht gegen die verfassungsmäßige Ordnung oder das Sittengesetz verstößt.

Die **freie Berufs-** und **Arbeitsplatzwahl** wird in **Artikel 12** formuliert. Der Staat kann jedoch für die Berufsausübung entsprechende Regelungen und somit Einschränkungen vorsehen.

> **Artikel 12 Berufsfreiheit**
> (1) ¹Alle Deutschen haben das Recht, Beruf, Arbeitsplatz und Ausbildungsstätte frei zu wählen. ²Die Berufsausübung kann durch Gesetz oder auf Grund eines Gesetzes geregelt werden. ...

Die Eigentumsfrage wird u. a. in **Artikel 14** und **Artikel 15** geregelt. Grundsätzlich wird das Recht auf **Privateigentum** garantiert. Es stößt jedoch dann an seine Grenzen, wenn berechtigte Interessen der Allgemeinheit vorliegen. Unter bestimmten Voraussetzungen ist sogar eine **Enteignung** – aber gegen Entschädigung – möglich.

> **Artikel 14 Eigentum; Erbrecht; Enteignung**
> (1) Das Eigentum und das Erbrecht werden gewährleistet. Inhalt und Schranken werden durch die Gesetze bestimmt.
> (2) ¹Eigentum verpflichtet. ²Sein Gebrauch soll zugleich dem Wohle der Allgemeinheit dienen.
> (3) ¹Eine Enteignung ist nur zum Wohle der Allgemeinheit zulässig. ²Sie darf nur durch Gesetz oder aufgrund eines Gesetzes erfolgen, das Art und Ausmaß der Entschädigung regelt. ³Die Entschädigung ist unter gerechter Abwägung der Interessen der Allgemeinheit und der Beteiligten zu bestimmen. ⁴Wegen der Höhe der Entschädigung steht im Streitfalle der Rechtsweg vor den ordentlichen Gerichten offen.

MERKE Das Grundgesetz der Bundesrepublik Deutschland schreibt keine bestimmte Wirtschaftsordnung vor. Es lässt im Rahmen der vorgegebenen Wertehaltungen (z. B. Freiheitsrechte) verschiedene Ausgestaltungen zu.

3 ORDNUNGSMERKMALE DER SOZIALEN MARKTWIRTSCHAFT

Die Ausprägungen der nachfolgenden Ordnungsmerkmale kennzeichnen die Soziale Marktwirtschaft:

Eigentumsform
Recht auf Privateigentum mit **Einschränkungen:**
- Sozialbindung des Eigentums
- Enteignung gegen Entschädigung
- Staatseigentum ist möglich.

Wettbewerb und Preisbildung
Freier Wettbewerb mit **Einschränkungen:**
Bei unbefriedigenden Marktergebnissen
- Staat greift in die Preisbildung ein.
- Staat tritt selbst als Anbieter auf.

Verträge
Vertragsfreiheit mit **Einschränkungen:**
- Nichtige Verträge, wenn Kartellbildung oder wenn schwächerer Vertragspartner unangemessen benachteiligt wird (z. B. Wucher).
- Schutzgesetze zugunsten schwächerer Vertragspartner.

Produktion/Handel
Produktions- und Gewerbefreiheit mit **Einschränkungen,**
wenn die Gesundheit oder die Sicherheit der Bevölkerung gefährdet sind.
- Genehmigungspflichtige Unternehmen und staatliche Kontrollen
- Staatliche Umweltvorschriften

Rolle des Staates
Aktives Eingreifen des Staates in das Wirtschaftsgeschehen

Sicherung des Wettbewerbs:	Wahrung sozialer Gerechtigkeit:	Wachstumspolitik
Wettbewerbspolitik	**Sozial- und Einkommenspolitik**	**Konjunkturpolitik**

Außenhandel
Freihandel mit **Einschränkungen:**
- Staatliche Genehmigungen für bestimmte Exportgüter.
- Staatliche Auflagen und Zölle für bestimmte Importgüter.

Konsum
Konsumfreiheit mit **Einschränkungen,**
wenn die betreffende Person oder die Gesellschaft nicht gewollten Gesundheitsgefährdungen ausgesetzt sind.

Beruf und Arbeitsplatzwahl
Freie Berufs- und Arbeitsplatzwahl mit **Einschränkungen:**
- Staatliche Prüfungen für bestimmte Berufsgruppen und staatliche Zulassung für Niederlassung.

Arbeitsmarkt und Einkommen
Koalitionsfreiheit und Tarifverhandlungen
- Gewerkschaften und Arbeitgeberverbände handeln Löhne und Arbeitsbedingungen aus. Der Staat greift nicht in Tarifverhandlungen ein (Tarifautonomie).
- Staatliche Einkommensumverteilung mithilfe der Steuererhebung.

4 Grundgedanken und Ordnungsmerkmale der Sozialen Marktwirtschaft

B LERNSITUATIONEN
B1 Idealtypische Wirtschaftsordnungen unterscheiden[1]

SITUATIONSBESCHREIBUNG   **Einstieg in die Lernsituation**

Donnerstag in der Berufsschule; es ist 11:00 Uhr, die Berufsschüler haben bereits vier Stunden Unterricht absolviert. Alles lief am heutigen Tag wieder einmal reibungslos: aufstehen, frühstücken, Zeitung lesen, Radio hören, mit dem Bus zur Schule, schnell noch ein Wurstbrot kaufen und dann ab in den Unterricht.

Wie wird eigentlich sichergestellt, dass die Wirtschaft eines Landes funktioniert?

Hilfsfragen[2]:

Wer hat heute bereits etwas Gutes für Euch getan?
Weshalb haben diese Menschen etwas Gutes für Euch getan?

? Erkenntnisleitende Fragestellung für diese Lernsituation:
Auf welche Weise lässt sich die Wirtschaft eines Landes regeln?

---

1 „Idealtypische Wirtschaftsordnungen" werden im Lehrplan nicht ausdrücklich ausgewiesen. Aus erkenntnispsychologischen Gründen kann die Stunde „Idealtypische Wirtschaftsordnungen" der Unterrichtseinheit Soziale Marktwirtschaft vorangestellt werden. Jede real existierende Wirtschaftsordnung lässt sich im Spannungsfeld der beiden Idealtypen einordnen bzw. erschließen. Dadurch werden Vorstrukturen gelegt, die dem späteren Verständnis dienlich sein können.
2 Unterrichtskonzeption nach Klaus Berger, ehemaliger Lehrer an der Freien Waldorfschule in Offenburg.

AUFTRÄGE

Übergreifender Handlungsauftrag mit Handlungsprodukt:

In Deutschland wird immer wieder über die richtige Wirtschaftsordnung diskutiert. Nehmen Sie an, die Bevölkerung dürfte grundsätzlich darüber abstimmen, ob Deutschland eher als „Marktwirtschaft" oder eher als „Zentralverwaltungswirtschaft" gestaltet werden soll.

Sie sollen an dieser Abstimmung teilnehmen und ihre Wahl begründen.

Handlungsaufträge:

1. Zuerst benötigen Sie Informationen darüber, was „Marktwirtschaft" bzw. „Zentralverwaltungswirtschaft" bedeutet. Vielleicht verfügen Sie auch schon über Vorkenntnisse. *Informieren* Sie sich mithilfe der Materialien 1 und 2 auf Seite 53.
2. *Beschreiben* Sie, auf welche Weise die Fragen des Wirtschaftens (siehe Material 3) gemäß den Vorstellungen von Adam Smith sowie Karl Marx beantwortet werden müssten.
3. *Nehmen* Sie an der Abstimmung teil und *begründen* Sie Ihre Wahl.
   Stellen Sie das Klassenergebnis fest und *diskutieren* Sie darüber.

Deutschland sollte eher als **Marktwirtschaft** geregelt werden. ☐	Deutschland sollte eher als **Zentralverwaltungswirtschaft** geregelt werden. ☐
Bitte ankreuzen!	
Argumente für die Marktwirtschaft	**Argumente für die Zentralverwaltungswirtschaft**
• • •	• • •

➕ Zusatzaufgabe für die „Schnellen":

Vielleicht hatten Sie das Gefühl, dass Sie für Ihre Wahl noch weitere Informationen benötigen. *Formulieren* Sie Fragen, die Sie Adam Smith oder Karl Marx stellen würden.

Material 1: Die freie Marktwirtschaft – eine idealtypische Wirtschaftsordnung

Wie funktioniert die freie *Marktwirtschaft?*   nach **Adam Smith** (1723–1790)

INFO

Der Markt steuert die Wirtschaft.

Jeder Mensch kann nach seinen eigenen Vorstellungen wirtschaftlich tätig werden. Jeder ist selbst verantwortlich für seinen wirtschaftlichen Wohlstand.

Der Staat hält sich völlig aus der Wirtschaft raus.

Der Staat ist zuständig für Recht und Ordnung.

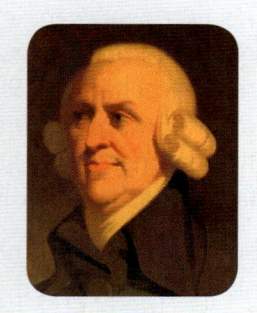

Material 2: Die Zentralverwaltungswirtschaft – eine idealtypische Wirtschaftsordnung

Wie funktioniert die *Zentralverwaltungswirtschaft?*   nach **Karl Marx** (1818–1883)

INFO

Der Staat steuert die Wirtschaft.

Jeder Mensch wird nach den Vorgaben des Staates in der Wirtschaft eingesetzt.

Der Staat und alle Menschen sind für den wirtschaftlichen Wohlstand des Landes verantwortlich.

Der Staat ist die Wirtschaft und für alles zuständig.

Material 3: Fragen des Wirtschaftens am Beispiel einer Bäckerei

Menschen brauchen für das wirtschaftliche Zusammenleben Regeln.

Am Beispiel einer Bäckerei sind folgende Fragen zu klären:

(1) Wer bestimmt, welches Brot und wie viel davon in einer Bäckerei hergestellt wird?
(2) Wer bestimmt, welches Brot Frau Ehret in welcher Bäckerei kauft?
(3) Wer hat festgelegt, dass Herr Krause von Beruf Bäcker ist und in der Bäckerei Armbruster arbeitet?
(4) Frau Schwarz benötigt für ihre Geburtstagsfeier viel Brot. Wer bestimmt, welchen Kaufvertrag Frau Schwarz und die Bäckerei Eggs abschließen?
(5) Wem gehört der Backofen in der Bäckerei Eggs?

B LERNSITUATIONEN
B2 Grundgedanken und Ordnungsmerkmale der Sozialen Marktwirtschaft beschreiben

SITUATIONSBESCHREIBUNG **Einstieg in die Lernsituation**

Nele lernt im zweiten Ausbildungsjahr in der Schiele Stein und Design GmbH Bürokauffrau. Die Schiele GmbH beschäftigt 190 Mitarbeiter und ist einer der führenden Hersteller von hochwertigen Pflastersteinen, Betonpflastersteinen, Ökopflaster und Terrassenplatten. Seniorchef Hermann Schiele hat das Unternehmen 1955 gegründet. Sein Unternehmen ist mit der 1949 in Deutschland eingeführten Sozialen Marktwirtschaft „groß" geworden. Herr Schiele ist ein überzeugter Anhänger dieser Wirtschaftsordnung.

Zum 50-jährigen Firmenjubiläum sollen die Auszubildenden Umfragen im Unternehmen zu verschiedenen Themen durchführen. Nele hat sich bei der Arbeitsgruppe „Grundgedanken der Sozialen Marktwirtschaft" gemeldet. Ihre Gruppe soll die Zufriedenheit der Mitarbeiter der Schiele GmbH mit der Sozialen Marktwirtschaft feststellen.

Nele stößt bei ihren Recherchen im Internet auf zwei völlig unterschiedliche Umfrageergebnisse:

Umfrage 1: Deutsche zweifeln an Sozialer Marktwirtschaft	Umfrage 2: Deutsche zufrieden mit Sozialer Marktwirtschaft
Die Schuldenkrise spüren die Deutschen bisher kaum. Dennoch sind sie unzufrieden. Laut einer *ARD-Umfrage* sagen fast drei Viertel der Bundesbürger, die Soziale Marktwirtschaft funktioniere nicht mehr so wie früher. Zugleich sehen sie die bestehende Wirtschaftsordnung aber als Stabilitätsfaktor. In der Euro-Zone wirkt Deutschland wie eine Insel der Seligen: Der Arbeitsmarkt ist stabil wie nie, die Firmen schauen trotz Schuldenkrise optimistisch in die Zukunft und Volkswirte sagen der Bundesrepublik trotz weltweitem Abschwung im laufenden Jahr Wachstum voraus. Dennoch ist die Hälfte der Deutschen laut ARD-Deutschlandtrend mit der Wirtschaftsordnung in Deutschland unzufrieden. Quelle: http://www.spiegel.de/wirtschaft/soziales/... vom 29. März 2016	Die Soziale Marktwirtschaft hat sich aus Sicht der meisten Deutschen bewährt. Begeisterung für das Wirtschafts- und Sozialsystem verspüren die Befragten laut einer aktuellen Studie aber nicht mehr. Die meisten Deutschen sind zufrieden mit dem Wirtschaftssystem der Bundesrepublik. Einer Studie der *Vereinigung der Bayerischen Wirtschaft (vbw)* zufolge, ist die Hälfte der Bundesbürger mit der Sozialen Marktwirtschaft „einigermaßen zufrieden", 16 Prozent sind „sehr zufrieden". Immerhin 27 Prozent sind mit dem System allerdings „nicht zufrieden". Quelle: http://www.focus.de/finanzen/news/... vom 29. März 2016

Nach welchen Überlegungen beurteilen die Deutschen die Soziale Marktwirtschaft?

Was verstehen Sie unter einer sozialen Marktwirtschaft und welche Merkmale sind Ihnen besonders wichtig?

> **?** Erkenntnisleitende Fragestellung für diese Lernsituation:
> **Auf welche Weise funktioniert die Soziale Marktwirtschaft und welchen Einfluss hat die Soziale Marktwirtschaft auf die privaten Haushalte und die Unternehmen?**

AUFTRÄGE

Übergreifender Handlungsauftrag mit Handlungsprodukt:

Beschreiben Sie die Grundgedanken und Ordnungsmerkmale der Sozialen Marktwirtschaft und untersuchen Sie den Einfluss der Sozialen Marktwirtschaft auf die privaten Haushalte und Unternehmen. Gestalten Sie hierzu ein Plakat.

Handlungsaufträge:

Sie sind auch Mitglied der Arbeitsgruppe Konzeption[1] der Sozialen Marktwirtschaft. Die Arbeitsgruppe trifft sich, um die weitere Vorgehensweise zu besprechen. Tim meint, er habe den Fragebogen, der aus einer einzigen Frage besteht, schon fertig.

Sind Sie mit der Sozialen Marktwirtschaft zufrieden?

| ☐ ja | ☐ eher ja | ☐ eher nein | ☐ nein |

Nele entgegnet, dass doch weitere Fragen formuliert werden müssten; schließlich solle ja ein aussagekräftiges Ergebnis erzielt werden.

1. Informieren Sie sich mit den Ihnen verfügbaren Materialien (z. B. Lehrbuch) über die Grundgedanken der Sozialen Marktwirtschaft. Wenn Sie bereits über ein entsprechendes Vorwissen verfügen, tauschen Sie dieses in Ihrer Gruppe aus.

   Folgende Leitfragen können dabei hilfreich sein:

   - Weshalb ist die Soziale Marktwirtschaft „marktwirtschaftlich"?
   - Weshalb ist die Soziale Marktwirtschaft „sozial"?
   - Welche wirtschaftlichen Regeln gelten in der Sozialen Marktwirtschaft für Unternehmen und private Haushalte?
   - Weshalb besteht zwischen den Merkmalen „marktwirtschaftlich" und „sozial" eine gewisse Spannung?
   - Welche Bedeutung hat die Soziale Marktwirtschaft für einen Bürger, der arbeitslos geworden ist?
   - Welche Bedeutung hat die Soziale Marktwirtschaft für ein Unternehmen, das über eine längere Zeit große Absatzschwierigkeiten hat?
   - usw. (sowie eigene Leitfragen zum Thema)

2. Erstellen Sie einen Fragebogen zur Sozialen Marktwirtschaft mit mindestens vier Fragen. Ziel der Umfrage ist herauszufinden und zu erklären, wie zufrieden die Mitarbeiter eines Unternehmens mit der Sozialen Marktwirtschaft sind.

3. Führen Sie die Befragung in Ihrer Klasse oder in Ihrem Ausbildungsbetrieb durch, werten Sie den Fragebogen aus und fassen Sie die Ergebnisse in einem Bericht zusammen.

---

[1] Konzeption (lat.): gedanklicher Entwurf, Plan

C ÜBUNGSAUFGABEN

4.1 FREIE MARKTWIRTSCHAFT UND SOZIALE MARKTWIRTSCHAFT ABGRENZEN

Das Modell „Freie Marktwirtschaft" wurde von Adam Smith (1723–1790) beschrieben. In der Realität hat Ludwig Erhard (1897–1977) in Deutschland die „Soziale Marktwirtschaft" eingeführt. Beide haben ihr volkswirtschaftliches Denken in Büchern festgehalten:

Zitat von Adam Smith:

„[…] wenn [jeder Einzelne] die Erwerbstätigkeit so fördert, dass ihr Ertrag den höchsten Wert erzielen kann, strebt er lediglich nach seinem eigenen Gewinn. Und er wird in diesem wie auch in vielen anderen Fällen von einer unsichtbaren Hand geleitet, um einen Zweck zu fördern, den zu erfüllen er in keiner Weise beabsichtigt hat. Auch für das Land selbst ist es keineswegs immer das Schlechteste, dass der Einzelne ein solches Ziel nicht bewusst anstrebt, ja, gerade dadurch, dass er das eigene Interesse verfolgt, fördert er häufig das der Gesellschaft nachhaltiger, als wenn er wirklich beabsichtigt, es zu tun. […]"

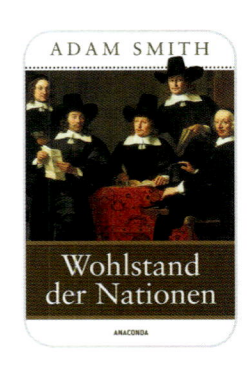

Vgl. Smith, Adam; An Inquiry into the Nature and Causes of the Wealth of Nations, 1. Auflage von 1776; deutsche Übersetzung von H. C. Recktenwald auf der Basis der 5. Auflage von 1789; Der Wohlstand der Nationen, 7. Auflage, München 1996.

Zitat von Ludwig Erhard:

„Ich bin nicht willens, die […] Spielregeln einer Marktwirtschaft, nach denen nur Angebot und Nachfrage den Preis bestimmen, und der Wirtschaftspolitiker sich darum jeder Einmischung auf die Preise zu enthalten habe, vorbehaltlos und in jeder Phase der Entwicklung zu akzeptieren. Hier bin ich sogar grundsätzlich anderer Meinung; ein moderner und verantwortungsbewußter Staat kann es sich einfach nicht leisten, noch einmal in die Rolle des Nachtwächters zurückversetzt zu werden. Diese falsch verstandene Freiheit ist es ja gerade gewesen, die die Freiheit sowie eine segensreiche freiheitliche Ordnung zu Grabe gebracht hat."

Vgl. Erhard, Ludwig; Wohlstand für Alle; 1. Auflage von 1957, Econ-Verlag, Düsseldorf; 8. Auflage von 1964, Seite 240 f.

Vergleichen Sie die Vorstellungen von Adam Smith und Ludwig Erhard anhand folgender Fragestellungen:

(1) Bedeutung des jeweiligen Buchtitels
(2) Rolle des Staates bzw. Rolle des Einzelnen
(3) Wettbewerb und Preisbildung

4.2 STREIT UM LADENÖFFNUNGSZEITEN IN DER SOZIALEN MARKTWIRTSCHAFT BESCHREIBEN

Erläutern Sie, mit welchen Argumenten sich <u>beide</u> streitenden Parteien auf die Soziale Marktwirtschaft berufen könnten. *Formulieren* Sie dazu Ihre persönliche Meinung.

Streit um verkaufsoffene Sonntage

Der Einzelhandel fordert mehr Flexibilität bei den Öffnungszeiten – Kirchen und Gewerkschaften wehren sich.

Badische Zeitung am 02.12.2016

4.3 STAATLICHE EINGRIFFE IN DER SOZIALEN MARKTWIRTSCHAFT BEURTEILEN

1. *Begründen* Sie, weshalb der Staat in den vorliegenden Fällen eingreift.
   Geben Sie das Ordnungsmerkmal *an*, das jeweils eingeschränkt wird.

Fall A	Fall B	Fall C
Unternehmen müssen Verkäufe von Waffen an das Ausland vom Wirtschaftsministerium genehmigen lassen.	Der Staat legt für alle Tätigkeiten einen Mindestlohn von 8,84 €/Stunde fest, der nicht unterschritten werden darf.	Eine Bahnlinie wird von zwei auf vier Gleise erweitert. Häuser in Gleisnähe werden gegen den Widerstand der Eigentümer abgerissen.

2. *Begründen* Sie, ob der Staat in den vorliegenden Fällen eingreifen soll.
   Geben Sie das Ordnungsmerkmal *an*, das gegebenenfalls eingeschränkt wird.

Fall D	Fall E	Fall F
In einer Universitätsstadt herrscht Wohnungsnot. Ein Student bezahlt für eine 20-m²-Wohnung monatlich 1.000 €.	Die Kieswerke in einer Region vereinbaren, bei allen öffentlichen Aufträgen mit einem einheitlichen Gewinnzuschlag von 40 % zu kalkulieren.	Im Arbeitsvertrag eines Lagerarbeiters wird vereinbart, dass der Arbeitgeber nach der Probezeit ohne Angabe von Gründen kündigen darf.
Fall G	**Fall H**	**Fall I**
Ein Buchhalter gibt sich als Arzt aus und eröffnet eine Praxis.	Ein Geschäft verkauft Feuerwerkskörper an jeden Kunden.	Ein Bürger kann seine Rechnungen nicht mehr bezahlen. Die Bank gewährt ihm keinen weiteren Dispokredit.

4.4 KARIKATUR ZUR SOZIALEN MARKTWIRTSCHAFT INTERPRETIEREN

Beschreiben und *interpretieren* Sie die nachfolgende Karikatur zur Sozialen Marktwirtschaft.

Kompetenzbereich

Wirtschaftliches Handeln in der Sozialen Marktwirtschaft analysieren

II

UNTERRICHTSEINHEIT 5:
ZUSAMMENARBEIT UND ZUSAMMENSCHLUSS VON UNTERNEHMEN – NOTWENDIGKEIT EINER STAATLICHEN WETTBEWERBSPOLITIK

Kompetenzbeschreibung des Lehrplanes:

„Anhand von Praxisbeispielen unterscheiden die Schülerinnen und Schüler Formen und Ziele der Kooperation und Konzentration (Kartell, Trust) und beurteilen deren Folgen (Wettbewerb, Arbeitnehmer, Verbraucher). Vor diesem Hintergrund begründen sie die Notwendigkeit einer staatlichen Wettbewerbspolitik."

A Grundlagenwissen
1 Formen der Zusammenarbeit und des Zusammenschlusses 60
2 Kartelle als Beispiel einer Zusammenarbeit (Kooperation) 61
3 Fusionen als Beispiel eines Zusammenschlusses 62
4 Ziele der Zusammenarbeit und des Zusammenschlusses 63
5 Notwendigkeit einer staatlichen Wettbewerbspolitik 63

B Lernsituation
Formen und Ziele der Zusammenarbeit und des Zusammenschlusses unterscheiden und beurteilen 65

C Übungsaufgaben 68

5 ZUSAMMENARBEIT UND ZUSAMMENSCHLUSS VON UNTERNEHMEN – NOTWENDIGKEIT EINER STAATLICHEN WETTBEWERBSPOLITIK

A GRUNDLAGENWISSEN

1 FORMEN DER ZUSAMMENARBEIT UND DES ZUSAMMENSCHLUSSES

Im Rahmen einer **Kooperation** arbeiten Unternehmen zusammen, um bestimmte Vorteile aus der Zusammenarbeit zu nutzen. Die zwischen den Unternehmen getroffenen Vereinbarungen beziehen sich meist auf betriebliche Aufgaben, wie z. B. Einkauf, Forschung oder Werbung. Wichtiges Merkmal von Kooperationen ist die Erhaltung der rechtlichen und wirtschaftlichen Selbstständigkeit der beteiligten Unternehmen. Wesentliche Ausprägungen von Kooperationen sind **Kartelle,** Arbeitsgemeinschaften, Konsortien, Unternehmensverbände oder Franchise-Unternehmen. Häufig bilden Einzelhandelsgeschäfte in Städten **Interessengemeinschaften.**

> **BEISPIEL**
> In Offenburg arbeiten Einzelhandelsgeschäfte als City-Partner zusammen. Die City-Partner nehmen an gemeinsamen Werbemaßnahmen teil oder präsentieren sich in einem gemeinsamen Internet-Auftritt. Die Ladenöffnungszeiten werden abgestimmt und gemeinsam werden verkaufsoffene Sonntage organisiert.

Bei **Fusionen** und **Konzernen**[1] handelt es sich nicht um Kooperationen, sondern um **Zusammenschlüsse** von Unternehmen. Diese werden zuweilen auch als **Konzentration** bezeichnet, da sich als Folge des Zusammenschlusses die Anzahl der Wettbewerber auf dem Markt verringert. Mindestens eines der beteiligten Unternehmen gibt dabei seine wirtschaftliche Selbstständigkeit völlig auf. Bei einer **Fusion** gibt mindestens eines der Unternehmen auch seine rechtliche Selbstständigkeit auf. Demgegenüber bleibt bei **Konzernen** die rechtliche Selbstständigkeit der beteiligten Unternehmen bestehen.

> **BEISPIEL**
> Die Maier Bau GmbH beteiligt sich bei dem Bauunternehmen Huber GmbH mit 400.000 €. Dies entspricht einer Mehrheitsbeteiligung von 60 %. Bauunternehmer Maier trifft ab sofort (als „Mutter" des Konzerns) für das Bauunternehmen Huber („Tochter" des Konzerns) alle wirtschaftlichen Entscheidungen. Die Huber GmbH hat seine wirtschaftliche Selbstständigkeit an die Maier Bau GmbH abgegeben, bleibt jedoch als Unternehmen rechtlich selbstständig.

Zusammenarbeit von Unternehmen ➡ Kooperation	Zusammenschluss von Unternehmen Folge: ➡ Konzentration nimmt zu	
Rechtliche Selbstständigkeit …		
… bleibt bei allen beteiligten Unternehmen bestehen.		… geht bei mindestens einem Unternehmen verloren
z. B. Interessengemeinschaften, **Kartell**	z. B. **Konzern**	z. B. **Fusion (Trust)**
Wirtschaftliche Selbstständigkeit …		
… bleibt in den Unternehmensbereichen bestehen, die nicht Gegenstand der Vereinbarung sind.	… geht bei mindestens einem der beteiligten Unternehmen verloren.	

---
[1] Die Behandlung von Konzernen lässt sich nicht aus dem Lehrplan ableiten.

2 KARTELLE[1] ALS BEISPIEL EINER ZUSAMMENARBEIT (KOOPERATION)

MERKE
Ein Kartell ist eine Zusammenarbeit von rechtlich selbstständig bleibenden Unternehmen, die durch Vertrag oder Absprache ihre wirtschaftliche Handlungsfreiheit teilweise aufgeben, um den Wettbewerb einzuschränken oder aufzuheben.

Ein Kartell setzt sich aus konkurrierenden Unternehmen zusammen, die unabhängig voneinander ihre eigenen Interessen verfolgen, jedoch als Kartellpartner zusammenarbeiten. So werden Absprachen bzw. Verträge geschlossen, bei denen durch ein gleichgerichtetes Handeln für die Kartellmitglieder ein gemeinsamer Marktvorteil gegenüber ausgeschlossenen Konkurrenten entstehen soll. Kartellbildungen kann es grundsätzlich in allen Branchen geben. Das abgestimmte Verhalten der Kartellmitglieder bezieht sich je nach Zielsetzung auf die Preise (Preiskartelle) oder die Aufteilung von Verkaufsgebieten (Gebietskartelle). Häufig kommt es bei Unternehmen, die gleichartige (homogene) Produkte anbieten, zu Kartellbildungen: z. B. Kaffeekartell, Zuckerkartell, Bierkartell, Schienenkartell oder Kieskartell.

Die Zulässigkeit von Kartellen wird im Gesetz gegen Wettbewerbsbeschränkungen (GWB) geregelt:

§ 1 GWB **Verbot wettbewerbsbeschränkender Vereinbarungen:** Vereinbarungen, die den Wettbewerb verhindern, einschränken oder verfälschen, sind grundsätzlich verboten.

BEISPIEL
Fallbericht des Bundeskartellamtes:
Das Bundeskartellamt hat wegen vertikaler Preisabsprachen beim Vertrieb von Röstkaffee Geldbußen in Höhe von insgesamt ca. 50 Mio. Euro verhängt. Bei den bestraften Unternehmen handelt es sich um Edeka, Kaufland, Metro, Rewe und Rossmann.

§ 2 GWB **Freigestellte Vereinbarungen:**[2]
Unter bestimmten Voraussetzungen sind Vereinbarungen vom Kartellverbot befreit. Dies kann zum Beispiel der Fall sein, wenn durch die Vereinbarung die Warenerzeugung verbessert oder der technische Fortschritt gefördert wird und gleichzeitig die Verbraucher an dem entstehenden Gewinn angemessen beteiligt werden. Das Bundeskartellamt überwacht diese vom Gesetzgeber vorgesehene Ausnahme (Legalausnahme).

Bei einem **Frühstückskartell** werden im Gegensatz zu einem gewöhnlichen Kartell keine schriftlichen Verträge ausgehandelt. Die Kartellmitglieder vereinbaren ihre Vorgehensweise z. B. „beim gemeinsamen Frühstück", also bei eher informellen Treffen. Der Vorteil von Frühstückskartellen gegenüber anderen Kartellen ist, dass diese praktisch nicht nachgewiesen werden können.

BEISPIEL
Freigestellte Vereinbarungen: Normen- und Typenkartelle (z. B. Verwendung genormter Schrauben oder genormter Radgrößen), da die Unternehmen und Endverbraucher als Folge der Standardisierung Produkte verschiedener Hersteller ohne Probleme kombinieren können und dies einen erheblichen Vorteil darstellt.

§ 3 GWB **Mittelstandskartelle:** Bestimmte Kooperationen zwischen kleinen und mittleren Unternehmen sind unter bestimmten Voraussetzungen erlaubt, wenn die Vereinbarung dazu dient, die Wettbewerbsfähigkeit der beteiligten Unternehmen gegenüber den Marktführern zu verbessern.

MERKE
Kartelle sind grundsätzlich verboten. Legalausnahmen werden im Gesetz gegen Wettbewerbsbeschränkungen („Kartellgesetz") geregelt.

---
1 Begriffsursprung aus dem französischen *cartel* „schriftliche Vereinbarung"; entlehnt aus dem italienischen *cartello* „Vereinigung".
2 Besondere Ausnahmeregelungen in Deutschland gegenüber dem europäischen Kartellrecht: z. B. Buchpreisbindungen (Buchpreisgesetz); Preisbindung bei Zeitungen und Zeitschriften (§ 30 GWB)

3 FUSIONEN¹ ALS BEISPIEL EINES ZUSAMMENSCHLUSSES

MERKE: Eine Fusion ist ein Zusammenschluss mehrerer Unternehmen zu einem einzigen Unternehmen, wobei mindestens eines der an der Fusion beteiligten Unternehmen seine rechtliche und wirtschaftliche Selbstständigkeit aufgibt.

Eine Fusion ist eine **Verschmelzung** von mindestens zwei rechtlich selbstständigen Unternehmen zu einer wirtschaftlichen und rechtlichen Einheit. Es lassen sich zwei Fusionsarten unterscheiden:

Fusion durch Aufnahme: A + B = A	Fusion durch Neugründung: A + B = C
Das erwerbende Unternehmen (A) übernimmt das aufgekaufte Unternehmen (B).	Der Zusammenschluss von Unternehmen (A) und Unternehmen (B) führt zur Gründung eines neuen Unternehmens (C).
Unternehmen (B) verliert seine bisherige Selbstständigkeit und geht in Unternehmen (A) vollständig auf. Unternehmen (A) behält seine rechtliche und wirtschaftliche Selbstständigkeit.	Beide Unternehmen geben ihre rechtliche und wirtschaftliche Selbstständigkeit auf.

Vertikaler Zusammenschluss: Möbelhandel ↕ Schreinerei ↕ Sägewerk ↕ Forstbetrieb

Diagonaler Zusammenschluss: Nudelfabrik ↔ Brauerei ↔ Versicherung ↔ Hotel ↔ Speditionsbetrieb

Horizontaler Zusammenschluss: Ziegelfabrik A ↔ Ziegelfabrik B ↔ Ziegelfabrik C ↔ Ziegelfabrik D

Zusammenschlüsse zwischen Unternehmen können auf der gleichen, aber auch auf unterschiedlichen Produktionsstufen stattfinden.

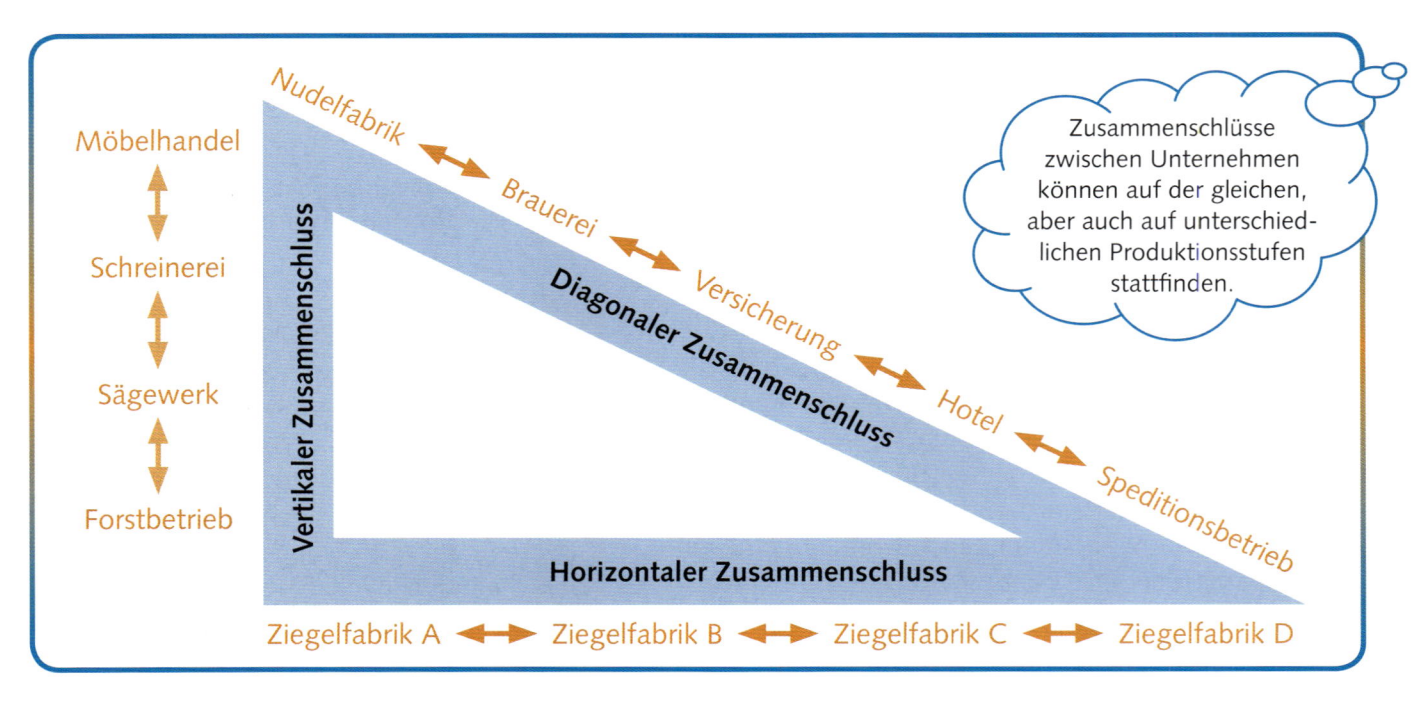

BEISPIEL: Horizontaler Zusammenschluss: Große Pläne – MeinFernbus und Flixbus wollen fusionieren. Die beiden Unternehmen möchten ein europaweites Fernbus-Liniennetz aufbauen. (Jan. 2015)

Eine Fusion kann auf freiwilliger Basis („freundlich") oder gegen den Willen des aufzunehmenden Unternehmens („feindlich") erfolgen. Als Folge einer Fusion verringert sich die Anzahl der Wettbewerber auf dem Markt, es kommt zu einem Konzentrationsprozess.

Eine **„Elefantenhochzeit"** bedeutet, dass Unternehmen mit relativ großen Marktanteilen fusionieren und als Folge die bereits hohe Marktkonzentration noch weiter zunimmt.

MERKE: Fusionen unterliegen unter bestimmten Voraussetzungen der Fusionskontrolle durch das Bundeskartellamt.

---
1 Fusionen werden auch mit dem Begriff **Trust** gleichgesetzt, der in den USA Ende des 19. Jahrhunderts als Bezeichnung für einen vertraglich vereinbarten Zusammenschluss mehrerer Unternehmen aufkam.

4 ZIELE DER ZUSAMMENARBEIT UND DES ZUSAMMENSCHLUSSES

Kooperationen zwischen Unternehmen sowie Zusammenschlüsse von Unternehmen können aus der Sicht der beteiligten Unternehmen mit sehr unterschiedlichen Zielen verbunden sein. Das langfristige Unternehmensziel der Gewinnmaximierung soll durch folgende allgemeine Ziele erreicht werden:

- Verbesserung der Marktposition gegenüber der Konkurrenz.
- Erhöhung der wirtschaftlichen Macht durch Ausschalten der Konkurrenz und des Wettbewerbs.
- Risikoverteilung bzw. Minderung des Risikos.
- Kosteneinsparungen bzw. Erhöhung der Wirtschaftlichkeit durch Rationalisierungseffekte bzw. Synergieeffekte.

> Ein Synergieeffekt ist eine positive Wirkung, die sich aus dem Zusammenschluss oder der Zusammenarbeit zweier oder mehrerer Organisationen (Unternehmen) ergibt. Synergieeffekte sind Wettbewerbsvorteile, die zumeist durch Kostenersparnisse erlangt werden.

Für einzelne Unternehmensbereiche können u. a. folgende Ziele bestehen:

Beschaffung: Stärkere Verhandlungsposition gegenüber den Lieferanten, da zusammen höhere Mengen bestellt werden. Dadurch lassen sich günstige Konditionen (Beschaffungspreise, Lieferbedingungen, Zahlungskonditionen) durchsetzen.

Vor allem _Handelsunternehmen_ schließen sich aus diesem Grund zu Einkaufsgenossenschaften zusammen.

Produktion: Verbesserte Produktionsprozesse hinsichtlich Menge, Qualität, Ort und Zeit.

Vor allem _Industrieunternehmen_ nutzen Einsparpotenziale durch Abstimmung der Produktionsprozesse.

Absatz: Erschließung neuer Absatzmärkte durch eine gemeinsame Vertriebsorganisation. Zudem kann durch die Zusammenlegung das Absatzprogramm der beteiligten Unternehmen erweitert werden.

Finanzierung: Erweiterung der Finanzierungsmöglichkeiten, da eine breitere Kapitalbasis geschaffen wird. Projekte mit hohen finanziellen Belastungen können gemeinsam leichter finanziert werden.

Werbung: Kosteneinsparungen durch gemeinsame Werbeaktivitäten.

Personal: Verbessertes Know-how durch Nutzung von Mitarbeiterqualifikationen; Mitarbeiter können flexibel und effektiv eingesetzt werden; Kosteneinsparung durch Abbau von Arbeitsplätzen (Rationalisierung).

Forschung: Forschungsaktivitäten können organisatorisch, personell und finanziell gemeinsam durchgeführt werden.

5 NOTWENDIGKEIT EINER STAATLICHEN WETTBEWERBSPOLITIK

Ein funktionierender Wettbewerb ist eine unabdingbare Voraussetzung für eine marktwirtschaftliche Ordnung. Der Konkurrenzdruck zwingt Unternehmen, sich ständig dem Wettbewerb zu stellen und marktgerecht zu produzieren. Gelingt diese Anpassung nicht, drohen Gewinneinbußen, Verluste oder sogar das Ausscheiden aus dem Markt. Unternehmen versuchen deswegen auf unterschiedliche Weise sich dem Wettbewerb zu entziehen.

5 Zusammenarbeit und Zusammenschluss von Unternehmen – Notwendigkeit einer staatlichen Wettbewerbspolitik

Zusammenschlüsse zwischen Unternehmen unterliegen unter bestimmten Voraussetzungen der Fusionskontrolle durch das Bundeskartellamt und dürfen erst nach erfolgter Freigabe vollzogen werden. Das Bundeskartellamt prüft und bewertet die Auswirkungen, die eine Fusion für den Wettbewerb, die Arbeitnehmer und die Verbraucher haben wird.

Folgen[1] von Kooperationen und Zusammenschlüssen für …

… Wettbewerb
- Anzahl der Wettbewerber → Konzentrationsprozess
- Marktmacht der Marktführer
- Aufrechterhaltung des Wettbewerbs
- Eintritt von neuen Wettbewerbern

… Arbeitnehmer
- Sicherung von Arbeitsplätzen
- Arbeitsbedingungen
- Tätigkeit und Arbeitsort
- Gehalts- und Lohnniveau

… Verbraucher
- Preisgestaltung
- Sortiment bzw. Produktauswahl
- Produktqualität/Produktentwicklung
- Verfügbarkeit der Produkte/Vertriebsdichte

Überwiegen die Nachteile, kann ein Zusammenschluss von Unternehmen durch das Bundeskartellamt untersagt oder nur unter Bedingungen freigegeben werden. Im Rahmen einer **Ministererlaubnis** kann der Bundesminister für Wirtschaft und Energie einen vom Bundeskartellamt untersagten Unternehmenszusammenschluss dennoch erlauben. Auch Kooperationen können mit dem Wettbewerb in Konflikt kommen. Über die Zulässigkeit von Kooperationen gibt die sogenannte Kooperationsfibel des Bundeswirtschaftsministeriums Auskunft. **Kartelle** sind bis auf bestimmte, gesetzlich vorgegebene Ausnahmen grundsätzlich verboten.

> **MERKE**
> Der Staat muss in einer Marktwirtschaft eine Wettbewerbsordnung schaffen und im Rahmen der Wettbewerbspolitik für eine Aufrechterhaltung des Wettbewerbs sorgen.
>
> Kartelle sind grundsätzlich verboten; Fusionen von Unternehmen unterliegen einer Fusionskontrolle.

Insbesondere zwei Gesetze bilden die rechtlichen Grundlagen der staatlichen Wettbewerbspolitik[2]:

Gesetz gegen Wettbewerbsbeschränkungen (GWB)
Dieses Gesetz, welches von Ludwig Erhard als das „Grundgesetz der Marktwirtschaft" bezeichnet wurde, soll einen funktionierenden Wettbewerb sichern.

Gesetz gegen unlauteren Wettbewerb (UWG)
Dieses Gesetz gibt „Spielregeln" für einen fairen Wettbewerb vor, um Verbraucher und Mitbewerber zu schützen.

---
1 In welcher Weise sich die jeweiligen Größen verändern (z. B. steigende oder sinkende Preise), muss im Einzelfall geprüft bzw. bewertet werden.
2 Die Behandlung der staatlichen Wettbewerbspolitik lässt sich nicht aus dem Lehrplan ableiten.

B LERNSITUATION
Formen und Ziele der Zusammenarbeit und des Zusammenschlusses von Unternehmen unterscheiden und beurteilen

SITUATIONSBESCHREIBUNG
Einstieg in die Lernsituation

Herr Müller ist Vertriebsleiter beim Ziegelwerk Lücke GmbH. Das erfolgreiche Familienunternehmen mit sehr guter Auftragslage besteht seit über 50 Jahren. Herr Müller kann verschiedene Auftragsanfragen aus der Baubranche zum neuen hochentwickelten Ziegel „Thermoplan Super" nicht mehr bedienen. Anlass ist, dass die vorhandenen Brennöfen zur Herstellung der Ziegel vollständig ausgelastet sind.

Geschäftsführerin Fauth schlägt deshalb vor, dass Herr Müller an der Messe für Ziegelwerke in einer Woche teilnimmt und dort Kontakt zum Konkurrenten Proton GmbH aufnimmt. Das Ziegelwerk Proton GmbH soll kürzlich einen neuen Brennofen eingeweiht haben, der aufgrund der deutlich geringeren Brennzeiten noch keine volle Kapazitätsauslastung erreicht hat. Ferner würde die Proton GmbH aufgrund unzureichender Personalausstattung im Forschungs- und Entwicklungsbereich bei der Entwicklung des Einsatzes von Meeresschlamm für die Herstellung von Ziegeln nicht vorankommen. An einem ähnlichen Projekt arbeitet die personell gut ausgestattete Forschungsabteilung der Lücke GmbH. Beide Unternehmen erzielen aus dem Ziegelverkauf einen Marktanteil von jeweils 5 %; Marktführer Frank KG hat einen Marktanteil von 40 %.

Zum Absatzgebiet der Lücke GmbH zählt seit zwei Jahren auch die Schweiz. Die Umsätze der Lücke GmbH in der Schweiz sind zuletzt stark angestiegen, wohingegen die Proton GmbH rückläufige Umsätze aus der Schweiz hinnehmen musste.

In welcher Weise könnten die Lücke GmbH und die Proton GmbH zusammenarbeiten?

? Erkenntnisleitende Fragestellung für diese Lernsituation:
Welche Bedeutung haben verschiedene Formen der Zusammenarbeit und des Zusammenschlusses von Unternehmen?

AUFTRÄGE

Übergreifender Handlungsauftrag mit Handlungsprodukt:
Unterscheiden Sie Kartelle und Fusionen und beurteilen Sie deren Auswirkungen auf den Wettbewerb, die betroffenen Arbeitnehmern und die Verbraucher.

Handlungsaufträge:
Herr Müller hat auf der Messe mehrere Gespräche mit Wettbewerbern geführt. Die weitere Unternehmensstrategie möchte er auf der Grundlage seiner Gesprächsprotokolle mit Geschäftsführerin Fauth besprechen. Übernehmen Sie die Rolle des Bundeskartellamtes als „Wettbewerbshüter".

- *Verschaffen* Sie sich mithilfe der nachfolgenden Materialien einen Überblick.
  Leiten Sie aus den Gesprächsprotokollen die Formen der Zusammenarbeit ab.

- *Beurteilen* Sie die Folgen der jeweiligen Strategie für die Wettbewerber und die Kunden.
  Begründen Sie, in welcher Weise das Bundeskartellamt jeweils eingreifen sollte.

Material 1: Gesprächsprotokolle von Herrn Müller, Vertriebsmitarbeiter Lücke GmbH

Gesprächsprotokoll 1: Strategie A — 14. Juni 2017
Gesprächspartner: Herr Schmidt, Vertriebsleiter Proton GmbH
Die Proton GmbH würde uns den Brennofen bis zum Jahresende mit monatlich 400 h zur Verfügung stellen. Sonderpreis je Stunde: 1.000 €.
Zusätzlich sollten wir unsere Verkaufsaktivitäten in der Schweiz etwas reduzieren.

Gesprächsprotokoll 2: Strategie B — 15. Juni 2017
Gesprächspartner: Herr Frank, Geschäftsführer Frank KG
Herr Frank ist begeistert von unserem innovativen Thermoplan-Ziegel. Die Frank KG möchte die Lücke GmbH übernehmen, dabei „spielt Geld keine Rolle". Allerdings würden wir unseren Namen verlieren.
Herr Frank verspricht uns eine „rosige" Zukunft.

Gesprächsprotokoll 3: Strategie C — 16. Juni 2017
Gesprächspartner: Vertreter von vier Mitbewerbern (Beck/Fischer/Busam/Wäckerle)
Alle anwesenden Unternehmen werden auf bestimmten Gebieten zusammenarbeiten.
Forschung: Einsatz von Meeresschlamm für die Herstellung von Ziegeln,
Personal: Schulung der Mitarbeiter bei fachspezifischen Themen,
Werbung: Gemeinsame Werbekampagne für die Verwendung von nachhaltigen Ziegeln.

Gesprächsprotokoll 4: Strategie D — 17. Juni 2017
Gesprächspartner: Vertreter von sieben Mitbewerbern
Bei Angeboten werden alle anwesenden Unternehmen mit einem einheitlichen Zuschlagssatz kalkulieren und diesen jeweils halbjährlich um einen bestimmten Prozentsatz erhöhen.
Beginn im September 2017; Erprobung in Baden-Württemberg

Material 2: Aufteilung des Ziegelmarktes

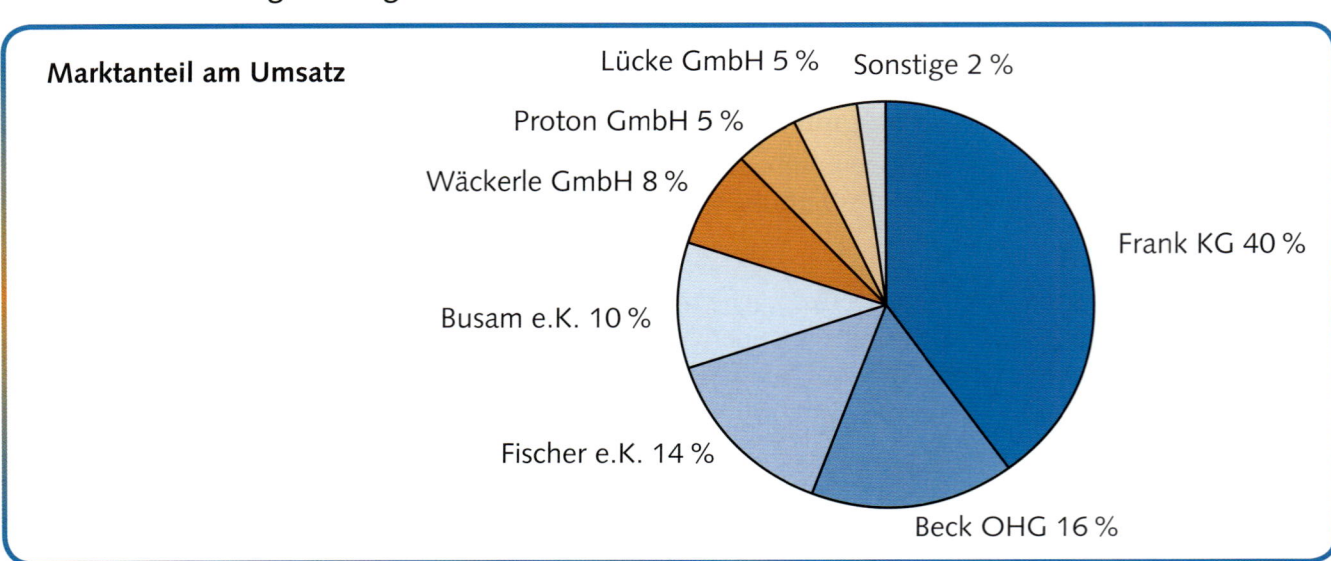

Marktanteil am Umsatz

- Lücke GmbH 5 %
- Sonstige 2 %
- Proton GmbH 5 %
- Wäckerle GmbH 8 %
- Busam e.K. 10 %
- Fischer e.K. 14 %
- Beck OHG 16 %
- Frank KG 40 %

Material 3: Auszüge von der Homepage des Bundeskartellamtes

Das Bundeskartellamt in Bonn erklärt auf seiner *Homepage* die Begriffe Kartell und Fusion in „leicht verständlicher Sprache" wie folgt:

> **Was ist ein *Kartell*?**
>
> Mehrere Unternehmen verkaufen das gleiche Produkt. Sie sprechen sich untereinander ab, z. B. für wie viel Geld sie das Produkt verkaufen. Das nennt man Kartell.
>
> Z. B.: Drei große Unternehmen verkaufen Kaffee. Sie sprechen sich untereinander ab und verkaufen alle ihren Kaffee zum gleichen Preis. Sie verkaufen ihren Kaffee teurer. Die Verbraucherinnen und Verbraucher müssen dann mehr für den Kaffee bezahlen.
>
> Das ist **verboten.**
>
> **Was ist eine *Fusion*?**
>
> Eine Fusion ist ein Zusammenschluss. Bei einer Fusion schließen sich zwei Unternehmen zusammen zu einem einzigen Unternehmen. Es können sich auch mehrere Unternehmen zusammenschließen.
>
> Solche Zusammenschlüsse sind **erlaubt.** Sie können aber ein Nachteil für den Wettbewerb sein, deshalb muss man sie kontrollieren.

Material 4: Auszüge aus dem Gesetz gegen Wettbewerbsbeschränkungen (GWB)

§ 1 Verbot wettbewerbsbeschränkender Vereinbarungen
Vereinbarungen zwischen Unternehmen, Beschlüsse von Unternehmensvereinigungen und aufeinander abgestimmte Verhaltensweisen, die eine Verhinderung, Einschränkung oder Verfälschung des Wettbewerbs bezwecken oder bewirken, sind verboten.

§ 2 Freigestellte Vereinbarungen
(1) Vom Verbot des § 1 freigestellt sind Vereinbarungen zwischen Unternehmen, Beschlüsse von Unternehmensvereinigungen oder aufeinander abgestimmte Verhaltensweisen, die unter angemessener Beteiligung der Verbraucher an dem entstehenden Gewinn zur Verbesserung der Warenerzeugung oder -verteilung oder zur Förderung des technischen oder wirtschaftlichen Fortschritts beitragen, ohne dass den beteiligten Unternehmen

1. Beschränkungen auferlegt werden, die für die Verwirklichung dieser Ziele nicht unerlässlich sind, oder
2. Möglichkeiten eröffnet werden, für einen wesentlichen Teil der betreffenden Waren den Wettbewerb auszuschalten.

(2) …

§ 3 Mittelstandskartelle
Vereinbarungen zwischen miteinander im Wettbewerb stehenden Unternehmen und Beschlüsse von Unternehmensvereinigungen, die die Rationalisierung wirtschaftlicher Vorgänge durch zwischenbetriebliche Zusammenarbeit zum Gegenstand haben, erfüllen die Voraussetzungen des § 2 Absatz 1, wenn

1. dadurch der Wettbewerb auf dem Markt nicht wesentlich beeinträchtigt wird und
2. die Vereinbarung oder der Beschluss dazu dient, die Wettbewerbsfähigkeit kleiner oder mittlerer Unternehmen zu verbessern.

C ÜBUNGSAUFGABEN

5.1 INFORMATIONSMATERIAL DES BUNDESKARTELLAMTES BEARBEITEN

Gehen Sie auf die Homepage des Bundeskartellamtes (www.bundeskartellamt.de) und geben Sie den Suchbegriff **„Schulmaterialien"** ein. Dort lässt sich eine Unterrichtsmappe zur „Wettbewerbsaufsicht in Deutschland" öffnen.

Informieren Sie sich zu einem der Themen ① oder ② und *bearbeiten* Sie das Aufgabenblatt des Bundeskartellamtes.

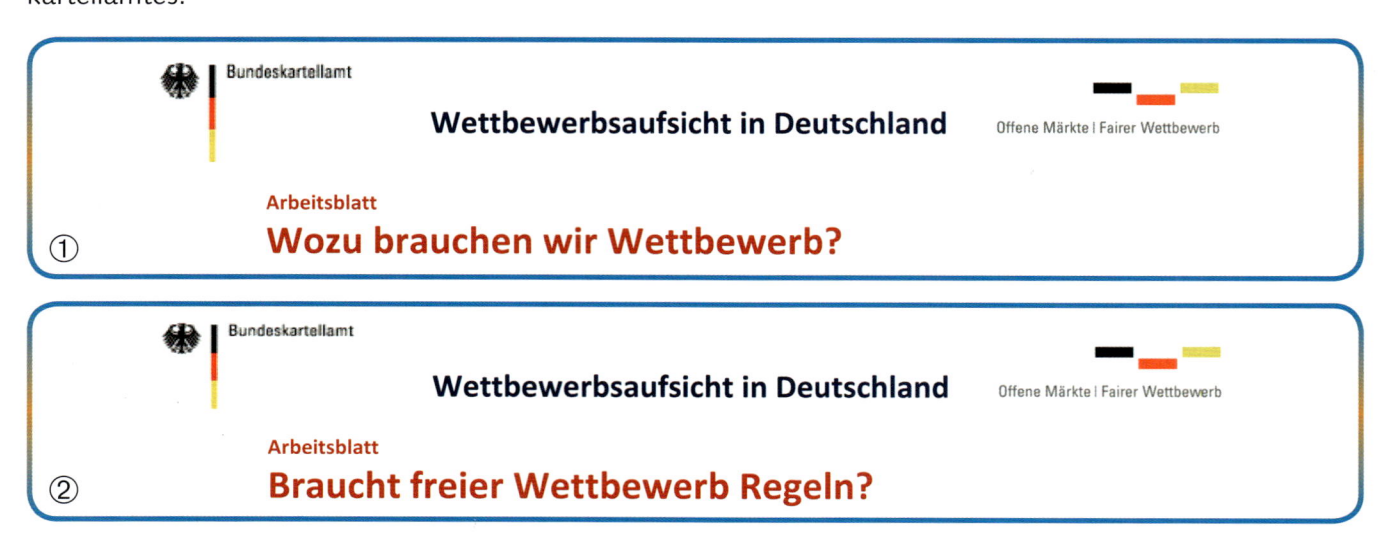

① Bundeskartellamt — Wettbewerbsaufsicht in Deutschland — Offene Märkte | Fairer Wettbewerb
   Arbeitsblatt
   Wozu brauchen wir Wettbewerb?

② Bundeskartellamt — Wettbewerbsaufsicht in Deutschland — Offene Märkte | Fairer Wettbewerb
   Arbeitsblatt
   Braucht freier Wettbewerb Regeln?

Zusatzaufgabe zu 5.1:
Gehen Sie auf die oben angegebene Homepage des Kartellamtes und *bearbeiten* Sie von den Schulmaterialien ein weiteres Thema nach Ihrer Wahl.

5.2 VEREINBARUNGEN VON UNTERNEHMEN AUF DEM FLIESENMARKT BEURTEILEN

Kennzeichnen Sie die jeweilige Form (Kartell, Fusion, Arbeitsgemeinschaft).
Beurteilen Sie die folgenden Fälle aus Sicht des Kartellamtes nach ihrer Zulässigkeit.

(1) Mehrere Fliesenhersteller vereinbaren, bei Aufträgen von bestimmten Bauunternehmen mit einem einheitlichen Gewinnzuschlag von 30 % zu kalkulieren.

(2) Alle Fliesenhersteller, die dem deutschen Fliesenverband angehören, vereinbaren für ihre Fliesen u. a. folgende Einheitsgrößen: 30 cm × 30 cm; 40 cm × 40 cm.

(3) Fliesen Falk und Fliesenhandel Schmidt beabsichtigen gemeinsam eine völlig neuartige Fliese aus Neuseeland zu beziehen. Aus beiden Unternehmen wird ein Projektteam gebildet, welches für die Abwicklung der Geschäfte mit Neuseeland zuständig ist.

(4) Fliesen Falk und Fliesenhandel Schmidt treffen folgende Vereinbarung:
   - Fliesen Falk verkauft die „Neuseelandfliesen" in Bayern und Baden-Württemberg.
   - Fliesenhandel Schmidt beliefert die übrigen Bundesländer.

(5) Marktführer Fliesen Groß beabsichtigt, Fliesen Klein zu übernehmen.
   Bisherige Marktanteile: Groß GmbH (60 %), Klein KG (10 %).

5.3 PRAXISFÄLLE ZUM KARTELL UND ZUR FUSION DARSTELLEN UND BEWERTEN

Die nachfolgenden Schlagzeilen beschreiben zwei Fälle, mit denen sich das Bundeskartellamt in den letzten Jahren beschäftigt hat. *Verschaffen* Sie sich zum jeweiligen Fall zusätzliche Informationen.
Formulieren Sie hierzu eine persönliche Stellungnahme.

Fall A: Bierkartell	Fall B: Fusion EDEKA und Tengelmann
03.03.2013: Überteuertes Gebräu – Die Wettbewerbshüter gehen dem Verdacht nach, dass ein riesiges Bierkartell besteht	18.02.2015: Edeka/Tengelmann-Zusammenschluss stößt bei Wettbewerbshütern auf große Bedenken.
	02.04.2015: Kartellamt blockiert Kauf – Behörde möchte nicht, dass Edeka die Kaiser's Tengelmann-Supermärkte übernimmt.
01.07.2013: Bierkartell vor Aufklärung – Zu teuer	16.11.2015: Edeka und Tengelmann werben für Fusion – Das Bundeskartellamt hat den Zusammenschluss der Supermarktketten untersagt.
19.08.2013: Preisabsprachen seit Jahren – Erkenntnisse zu Bierkartell.	17.11.2015: Gibt Wirtschaftsminister Gabriel dem Verkauf von Tengelmann an Edeka die Ministererlaubnis?
04.01.2014: Preisabsprachen – Harte Strafe für Bierbrauer.	12.01.2016: Gabriel stellt harte Bedingungen für Edeka/Tengelmann-Fusion.
	27.03.2016: Auch der neue Chef der Monopolkommission kritisiert die Übernahme der Supermarktkette Kaiser's Tengelmann durch Edeka.
Infos zum Bierkartell gibt es auf der Homepage des Bundeskartellamtes: http://www.bundeskartellamt.de/SharedDocs/Entscheidung/DE/Fallberichte/Kartellverbot/2014/…	13.07.2016: Gericht pfeift Gabriel zurück. Die Ministererlaubnis zur Übernahme von Tengelmann durch Edeka ist vorerst unwirksam.
	13.10.2016: Schlaglichter: Kaiser's Tengelmann droht nun doch Zerschlagung.
	15.11.2016: Kaiser's Tengelmann – Rewe und Edeka einigen sich über Filialaufteilung in Berlin
	03.12.2016: 15.000 Jobs bei Kaiser's Tengelmann gerettet – Der Streit um die Übernahme der Supermarktkette Kaiser's Tengelmann ist vorbei. Der Kompromiss geht aber wohl zulasten der Kunden.

5.4 KOOPERATIONEN BZW. ZUSAMMENSCHLÜSSE DER AUSBILDUNGSBETRIEBE DARSTELLEN

Überlegen Sie, ob ihre Ausbildungsbetriebe mit anderen Unternehmen zusammenarbeiten.
Berichten Sie über die Form der Zusammenarbeit sowie über die Ziele der beteiligten Unternehmen.

Kompetenzbereich

Wirtschaftliches Handeln in der Sozialen Marktwirtschaft analysieren

II

UNTERRICHTSEINHEIT 6:
BEDEUTSAMKEIT VON MÄRKTEN

Kompetenzbeschreibung des Lehrplanes:

„Die Schülerinnen und Schüler kennzeichnen den Markt als Ort des Zusammentreffens von Angebot und Nachfrage. Sie grenzen das Modell des vollkommenen Marktes von unvollkommenen Märkten ab und systematisieren Marktformen nach der Zahl der Marktteilnehmer (Polypol, Angebotsoligopol, Angebotsmonopol)."

Handelssaal der Deutschen Börse in Frankfurt

A Grundlagenwissen
   1 Bedeutung von Märkten 72
   2 Arten von Märkten 73

B Lernsituation
   Bedeutsamkeit von Märkten einordnen 74

C Übungsaufgaben 75

6 BEDEUTSAMKEIT VON MÄRKTEN

A GRUNDLAGENWISSEN

1 BEDEUTUNG VON MÄRKTEN

Märkte werden als Folge der gesellschaftlichen **Arbeitsteilung** benötigt. Der Einzelne produziert mehr, als er für seinen eigenen Bedarf unmittelbar benötigt. Er ist darauf angewiesen, seine Güter auf Märkten gegen andere Güter einzutauschen. **Märkte** bilden sich, wenn Kauf- und Verkaufswünsche für ein bestimmtes Gut vorhanden sind. Die Erscheinungsformen von Märkten sind sehr vielfältig und unterliegen einem ständigen Wandel. Die Anbieter (z. B. Unternehmen) möchten ihre Waren zu einem möglichst hohen Preis verkaufen. Demgegenüber wollen die Nachfrager (z. B. private Haushalte) zu einem möglichst geringen Preis kaufen. Die gegensätzlichen Interessen der Anbieter und der Nachfrager werden auf Märkten abgestimmt und zu einem Ausgleich gebracht. Dies geschieht dadurch, dass sich auf Märkten die Preise für die gehandelten Güter bilden. Die Preise sind ständigen Schwankungen unterworfen.

> **MERKE**
> Der Begriff Markt[1] bezeichnet den Ort des Zusammentreffens von Angebot und Nachfrage. Auf Märkten bilden sich die Preise für die gehandelten Güter.

Das Aufeinandertreffen von Angebot und Nachfrage kann *real* stattfinden, wie zum Beispiel auf einem Wochenmarkt. Anbieter und Nachfrager kommen persönlich zusammen und verhandeln über den Abschluss von Kaufverträgen. Demgegenüber können sich Anbieter und Nachfrager auch *virtuell* gegenüberstehen, wie zum Beispiel beim Internethandel. Die Nachfrager informieren sich im Internet auf der Homepage des Anbieters über das Angebot und bestellen die gewünschte Ware per Mausklick.

Börsen sind organisierte Märkte, auf denen dem Börsenmakler die Aufgabe zukommt, einen Ausgleich zwischen dem vorliegenden Angebot und der Nachfrage herbeizuführen. Die an einer Börse ermittelten **Kurse** werden als **Börsenpreise** bezeichnet. Nach den gehandelten Gütern lassen sich Warenbörsen (z. B. Weizen, Rohöl) und Wertpapierbörsen (z. B. Aktien) unterscheiden.

Das nebenstehende Bild zeigt **Bulle** und **Bär** vor der Frankfurter Börse.

Der **Bullenmarkt** („Hörner stoßen nach oben") bedeutet an der Börse anhaltend *steigende* Kurse, der **Bärenmarkt** („Pranke schlägt nach unten") steht für anhaltend *sinkende* Kurse.

---

[1] Markt von lat.: *mercatus* Handel

2 ARTEN VON MÄRKTEN

Märkte können nach verschiedenen Gesichtspunkten (Kriterien) beschrieben werden:

BEISPIEL

(I) Einteilung von Märkten nach den gehandelten **Güterarten**

Gütermärkte	Faktormärkte	Geld- und Kapitalmarkt
Sachgüter, Dienstleistungen	Produktionsfaktoren: Boden, Arbeit und Sachkapital	Geldkapital für kurz- und langfristige Kredite
Gemüse, Brot, Computer, Fahrrad, Benzin, Strom Massage, Haarschnitt	Unbebaute Grundstücke Buchhalter, Reinigungskraft Gabelstapler, Lkw, Maschinen	Die Sparkasse gewährt einer Schreinerei ein Darlehen mit einer Laufzeit von 5 Jahren.

BEISPIEL

(II) Einteilung von Märkten nach der **Zahl der Marktteilnehmer** (Marktformen)

Polypol	Oligopol	Monopol
viele Anbieter ↔ viele Nachfrager	wenige Anbieter ↔ viele Nachfrager	ein Anbieter ↔ viele Nachfrager
Es gibt in einer Stadt viele Bäckereien, die Brote an viele Kunden verkaufen.	Es gibt in einem Ort drei Bäckereien und viele Kunden.	Es gibt in einem abgelegenen Dorf nur eine Bäckerei, aber viele Kunden.
Der Anbieter (**Polypolist**) hat einen sehr geringen Anteil an der Gesamtnachfrage.	Der Anbieter (**Oligopolist**) hat einen großen Anteil an der Gesamtnachfrage.	Der Anbieter (**Monopolist**) vereint die Gesamtnachfrage vollständig auf sich.

→ Zunehmende **Marktmacht** des Anbieters gegenüber den Nachfragern.

Folge: Die Verhaltensweisen der Marktteilnehmer sind stark abhängig von der auf dem Markt vorliegenden Marktform.

BEISPIEL

(III) Einteilung von Märkten nach der **qualitativen Beschaffenheit**

Vollkommener Markt[1], wenn alle nachfolgenden Bedingungen erfüllt sind:		
① Homogenität der Güter	② Keine Präferenzen (persönlich, räumlich, zeitlich)	③ Vollständige Markttransparenz
Die Güter haben die gleiche Qualität.	Anbieter und Nachfrager bevorzugen nicht bestimmte Marktteilnehmer.	Die Marktteilnehmer verfügen über alle wichtigen Informationen (z. B. Preis, Qualität).
Unvollkommener Markt[1], wenn mindestens eine der drei Bedingungen nicht erfüllt ist:		
Hannes kauft seine Brezeln immer in der Bäckerei Lang, weil ihm diese dort am besten schmecken.	Marie kauft ihr Shampoo immer in der Drogerie Götz, weil dort die Verkäuferin besonders freundlich ist.	Carl bezahlt für eine CD von Robert Forster 15 €. Er weiß nicht, dass es diese CD in einem anderen Geschäft für 11 € gibt.

---

1 Der vollkommene Markt ist ein Modell, in dem alle störenden Einflüsse auf die Preisbildung ausgeschaltet werden. Da sich für das gehandelte Gut zu einem bestimmten Zeitpunkt nur ein Preis bildet, können dadurch Preisbildungsprozesse verständlicher gemacht werden. Nur wenige Märkte (wie z. B. die Börse) erfüllen nahezu alle Bedingungen des vollkommenen Marktes. In Wirklichkeit sind fast alle Märkte unvollkommen. Es bilden sich für das gleiche Gut mehrere Preise und die Preisbildungsprozesse sind komplex. Die Ausdrucksweise „vollkommen" und „unvollkommen" ist völlig wertfrei zu verstehen: Ein vollkommener Markt ist also kein „guter" Markt und ein unvollkommener Markt ist auch kein „schlechter" Markt.

6 Bedeutsamkeit von Märkten

B LERNSITUATION
Bedeutsamkeit von Märkten einordnen

SITUATIONSBESCHREIBUNG **Einstieg in die Lernsituation**

Das war ein Interview wie ein Paukenschlag. Für den ehemaligen Bundespräsidenten Horst Köhler war die Sache im Mai 2008 klar:

„Wir waren nahe dran an einem Zusammenbruch der Weltfinanzmärkte. Jetzt muss jedem verantwortlich Denkenden in der Branche selbst klar geworden sein, dass sich die internationalen Finanzmärkte zu einem Monster entwickelt haben, das in die Schranken gewiesen werden muss."

Diese Aussagen von Horst Köhler haben damals für viel Aufsehen gesorgt und eine öffentliche Diskussion über das „Monsterhafte von Märkten" ausgelöst. In diesem Zusammenhang wurde auch über die grundsätzliche Bedeutung von Märkten gesprochen.

Banker-Schelte: Köhler bezeichnet Finanzmärkte als „Monster"

Er kennt sich gut aus mit der Finanzbranche – umso mehr Wucht hat seine Kritik: Bundespräsident Köhler wirft Bankern und Börsenhändlern katastrophales Versagen in der Wirtschaftskrise vor. Die Märkte seien zu einem „Monster" geworden, die Geldmanager hätten sich „mächtig blamiert".

Quelle: Spiegel online 14.05.2008

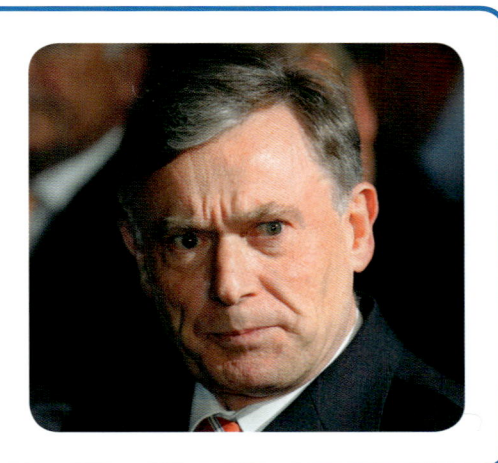

Was könnte Köhler damit meinen, dass „Märkte wie Monster sind, die in die Schranken gewiesen werden müssen"?

? Erkenntnisleitende Fragestellung für diese Lernsituation:
Welche Bedeutung haben Märkte für das Funktionieren unserer Wirtschaft?

AUFTRÄGE

Übergreifender Handlungsauftrag mit Handlungsprodukt:

Sie machen sich als wirtschaftlich interessierter Bürger Gedanken über die ungewöhnliche Kritik des ehemaligen Bundespräsidenten Horst Köhler gegenüber Märkten:

Was wäre, wenn es keine Märkte geben würde (WWW-Methode)?

- *Beschreiben* Sie, weshalb Märkte für die Menschen von großer Bedeutung sind.
- *Stellen* Sie dar, welche Gefahren mit Märkten verbunden sind.
- *Formulieren* Sie Vorschläge, mit denen Märkte kontrolliert werden könnten.

C ÜBUNGSAUFGABEN

6.1 MÄRKTE NACH VERSCHIEDENEN KRITERIEN KENNZEICHNEN

Kennzeichnen Sie die nachfolgenden Märkte jeweils nach …

… der gehandelten Güterart	… der Zahl der Marktteilnehmer	… dem Grad der Vollkommenheit

a) 250 g Erdbeeren auf dem Wochenmarkt in Tübingen
b) Wohnungen im Stuttgarter Raum mit 80-m²-Wohnfläche mit gehobener Ausstattung
c) BASF-Aktien an der Frankfurter Börse
d) Stellenmarkt für Lagerarbeiter in Mannheim
e) Leichte Lkw bis 7,5 t zulässigem Gesamtgewicht

6.2 BEGRIFFE IM ZUSAMMENHANG MIT MÄRKTEN BESCHREIBEN UND ORDNEN

Die nachfolgende *ungeordnete* Zusammenstellung enthält Begriffe, die mit dem Thema „Märkte" zu tun haben.

- *Klären* Sie zuerst in Ihrer Gruppe die Bedeutung von möglichst vielen Begriffen. Danach können in einer gemeinsamen Frageerunde noch unbekannte Begriffe geklärt werden; Rückfragen an die Lehrkraft sind dabei erlaubt.

- *Bringen* Sie die Begriffe in einen Zusammenhang und verbinden Sie diese mit Pfeilen und Linien, um deren Beziehungen zu verdeutlichen. **(Strukturlegen)**

> Wochenmarkt, Käufer, Oligopol, Finanzmarkt, Jahrmarkt, Zinsen, Kapitalmarkt, Immobilienmarkt, organisierter Markt, Börse, Messe, Warenbörse, Gleichgewicht, Marktpreis, Ausschreibung, Angebot, unvollkommener Markt, Arbeitsmarkt, Monopol, Wertpapierbörse, Verkäufer, Marktmacht, Wohnungsmarkt, Nachfrage, Auktion, Kurs, Polypol, Automarkt, Miete, Makler, vollkommener Markt

Zusatzaufgabe:

Maßnahmen einer Bäckerei den Voraussetzungen des vollkommenen Marktes zuordnen

Fallbeschreibung: In einem Stadtbezirk gibt es viele Bäckereien. Gehen Sie davon aus, dass der Preis für ein Croissant in allen Bäckereien einheitlich 0,80 € beträgt. Die Bäckerei SEIFRIED bietet seit geraumer Zeit Croissants an, welche besonders lange knusprig bleiben.

Zudem gibt es in der Bäckerei folgende Veränderungen: Längere Ladenöffnungszeiten; Zustellung von Backwaren am Sonntagmorgen; Schulung des Verkaufspersonals; App mit Preisen und den Wochenaktionen sowie Neugestaltung der Verkaufsräume.

Ordnen Sie die jeweiligen Maßnahmen der Bäckerei SEIFRIED den Voraussetzungen eines vollkommenen Marktes zu und *erläutern* Sie, welche Auswirkungen dies für die Wettbewerbsposition bzw. die Preispolitik der Bäckerei SEIFRIED hat.

Kompetenzbereich

II

Wirtschaftliches Handeln in der Sozialen Marktwirtschaft analysieren

UNTERRICHTSEINHEIT 7:

PREISBILDUNG AUF WETTBEWERBSMÄRKTEN (POLYPOL)

Kompetenzbeschreibung des Lehrplanes:

„Am Beispiel der Börsenpreisbildung ermitteln die Schülerinnen und Schüler tabellarisch und grafisch Gesamtangebot, Gesamtnachfrage und das Marktgleichgewicht bei einem Polypol auf dem vollkommenen Markt."

A Grundlagenwissen
    1 Preisbildung an Warenbörsen 78
    2 Tabellarische Ermittlung des Marktgleichgewichts 79
    3 Grafische Ermittlung des Marktgleichgewichts 80

B Lernsituation
    Preisbildung auf Wettbewerbsmärkten (Polypol) darstellen 82

C Übungsaufgaben 84

7 PREISBILDUNG AUF WETTBEWERBSMÄRKTEN (POLYPOL)

A GRUNDLAGENWISSEN

1 PREISBILDUNG AN WARENBÖRSEN

Die Preisbildung auf Wettbewerbsmärkten ist in der **Wirklichkeit** sehr komplex und wenig durchschaubar. Am Beispiel von Warenbörsen lässt sich diese Preisbildung in vereinfachter Form darstellen. Die Abläufe an Warenbörsen kommen dem **Modell** des Polypols auf dem vollkommenen Markt **(= vollständige Konkurrenz)** sehr nahe. Folgende Annahmen liegen diesem Modell zugrunde:

- **Viele** Anbieter und **viele** Nachfrager stehen sich gegenüber (Polypol).
- Zielsetzung der Anbieter ist die **Gewinnmaximierung.**
- Es gelten die Bedingungen des **vollkommenen Marktes** (homogene Güter, keine Präferenzen, vollständige Markttransparenz).
- Der Marktpreis ist für die Anbieter gegeben und nicht beeinflussbar **(= Preisnehmer)**.
- Die Anbieter können im Rahmen ihrer Kapazitäten jede beliebige Menge festlegen, die sie herstellen und vollständig am Markt absetzen **(= Mengenanpasser)**.

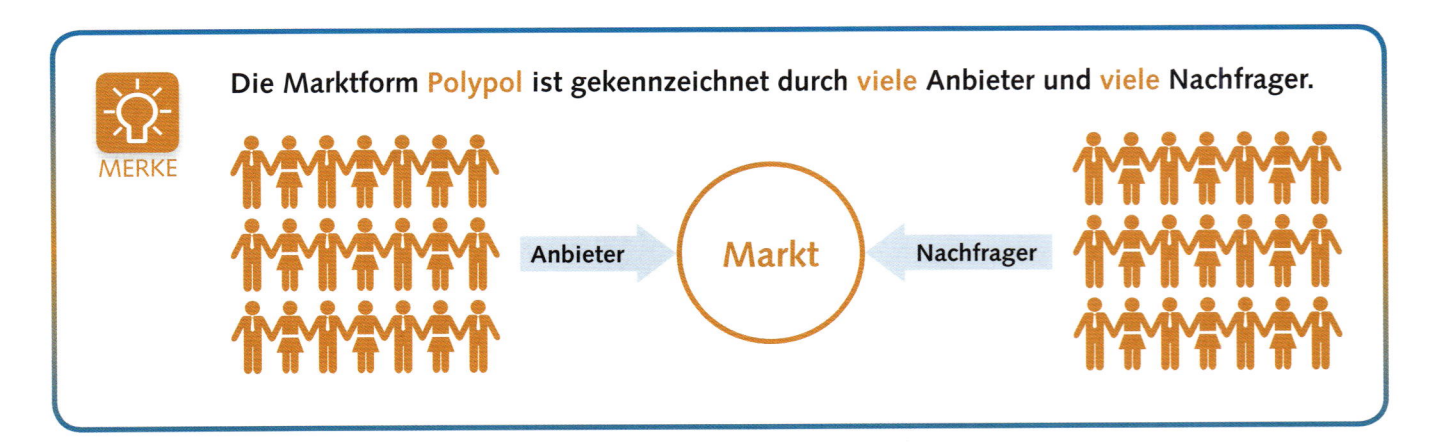

> **MERKE**
>
> Die Marktform **Polypol** ist gekennzeichnet durch **viele** Anbieter und **viele** Nachfrager.
>
> Anbieter → Markt ← Nachfrager

Jeder Marktteilnehmer hat nur einen geringen Anteil am Gesamtangebot bzw. an der Gesamtnachfrage. Der einzelne Anbieter bzw. Nachfrager hat eine sehr **geringe Marktmacht.**

An einer Warenbörse ermittelt der Makler auf der Grundlage der Verkaufsaufträge der Anbieter und der Kaufaufträge der Nachfrager den Börsenpreis. Er legt denjenigen Preis fest, bei dem die größtmögliche Menge abgesetzt werden kann **(Meistausführungsprinzip)**[1].

Die Verkäufer begrenzen (limitieren) im Normalfall ihr Verkaufsangebot nach unten, geben also einen Preis an, den sie mindestens erzielen möchten. Die Käufer begrenzen (limitieren) ihr Kaufangebot nach oben durch die Vorgabe eines Preises, den sie höchstens bezahlen möchten.

---

[1] Zu beachten ist also, dass nicht der größtmögliche **Umsatz**, sondern der größtmögliche **Absatz** erzielt wird.
Beispiel zur Abgrenzung Umsatz und Absatz: Zehn Fahrräder werden für jeweils 400 € verkauft.
Absatz = 10 *Stück* ⟷ **Umsatz** = 10 Stück · 400 €/Stück = 4.000 €.

2 TABELLARISCHE ERMITTLUNG DES MARKTGLEICHGEWICHTS

BEISPIEL

An der Stuttgarter Warenbörse werden u. a. verschiedene Getreidesorten gehandelt. Die Produzenten teilen mit, welchen Preis sie mindestens erzielen wollen **(Mindestpreise)** und welche Mengen (in t) sie zu diesem Preis anbieten. Die Händler nennen die Preise, die sie höchstens zu zahlen bereit sind **(Höchstpreise)**, und die Mengen (in t), die sie zu diesem Preis abnehmen wollen.

„Ich verkaufe für mindestens 10 € je t, würde aber auch für 20 €, 30 € oder mehr verkaufen."

„Ich kaufe für höchstens 60 € je t, würde aber auch für 50 €, 40 € oder weniger kaufen."

Dem Makler liegen für eine bestimmte Getreidesorte folgende Verkaufs- und Kaufaufträge vor:

Angebot (Verkaufsaufträge)

Verkäufer	Mindestpreis in € je t	Angebotene Menge in t
A	10	350
B	20	400
C	30	250
D	40	300
E	50	200
F	60	150

Nachfrage (Kaufaufträge)

Käufer	Höchstpreis in € je t	Nachgefragte Menge in t
G	10	350
H	20	200
I	30	300
J	40	250
K	50	250
L	60	200

Bei welchem Preis wird die größtmögliche Menge an Getreide abgesetzt?

Ermittlung des **Gesamtangebots** sowie der **Gesamtnachfrage**:

Preis in € je t	Anbieter						Gesamtangebot in t
	A	B	C	D	E	F	
10	350	0	0	0	0	0	**350**
20	350	400	0	0	0	0	**750**
30	350	400	250	0	0	0	**1.000**
40	350	400	250	300	0	0	**1.300**
50	350	400	250	300	200	0	**1.500**
60	350	400	250	300	200	150	**1.650**

Je *höher* der Preis, desto *größer* ist die angebotene Menge.

Preis in € je t	Nachfrager						Gesamtnachfrage in t
	G	H	I	J	K	L	
10	350	200	300	250	250	200	**1.550**
20	0	200	300	250	250	200	**1.200**
30	0	0	300	250	250	200	**1.000**
40	0	0	0	250	250	200	**700**
50	0	0	0	0	250	200	**450**
60	0	0	0	0	0	200	**200**

Je *höher* der Preis, desto *kleiner* ist die nachgefragte Menge.

Ermittlung der absetzbaren Mengen und Feststellung des Marktgleichgewichts:

Preis in € je t	Gesamtangebot in t	↔	Gesamtnachfrage in t	Absetzbare Menge in t	Marktlage
10	350	<	1.550	350	Nachfrageüberschuss/ Angebotslücke
20	750	<	1.200	750	
30	**1.000**	**=**	**1.000**	**1.000**	**Marktgleichgewicht**
40	1.300	>	700	700	Angebotsüberschuss/ Nachfragelücke
50	1.500	>	450	450	
60	1.650	>	200	200	

Marktgleichgewicht: Preis = 30 € je t   Menge = 1.000 t

Setzt der Makler im vorliegenden Fall einen Preis von 20 € an, würde die geplante Nachfragemenge (1.200 t) die geplante Angebotsmenge (750 t) übersteigen. Als Folge dieses Nachfrageüberschusses (450 t) wird der Makler den Preis heraufsetzen. Umgekehrt kommt es bei einem Preis von 50 € zu einem Angebotsüberschuss (1.500 t – 450 t = 1.050 t) und der Makler setzt den Preis herab.

Der Gleichgewichtspreis von 30 € bringt die geplante Angebotsmenge und die geplante Nachfragemenge zu einem Ausgleich. Allerdings ist zu beachten, dass es beim Gleichgewichtspreis Anbieter (z. B. Verkäufer F) bzw. Nachfrager (z. B. Käufer G) gibt, die nicht zum Zuge kommen, also nicht verkaufen bzw. kaufen.

MERKE

Beim Gleichgewichtspreis sind die geplanten Angebots- und Nachfragemengen gleich groß. Zu keinem anderen Preis kann eine größere Menge abgesetzt werden.

Bei einem Nachfrageüberschuss ist die nachgefragte Menge größer als die angebotene Menge. Bei einem Angebotsüberschuss ist die angebotene Menge größer als die nachfragte Menge.

3 GRAFISCHE ERMITTLUNG DES MARKTGLEICHGEWICHTS

Das Marktgleichgewicht lässt sich auch grafisch im Preis-Mengen-Diagramm ermitteln (x-Achse: Menge; y-Achse: Preis). Die entsprechenden Werte aus der Tabelle werden in das Diagramm übertragen und zu einer Angebotskurve bzw. zur Nachfragekurve verbunden[1]. Der Schnittpunkt zwischen den beiden Kurven stellt das Gleichgewicht dar, bei dem gilt:

Angebotene Menge = Nachgefragte Menge

MERKE

Der Schnittpunkt zwischen Angebots- und Nachfragekurve ergibt den Gleichgewichtspreis und die Gleichgewichtsmenge.

---

[1] Hierbei wird aus Vereinfachungsgründen unterstellt, dass es unendlich viele Höchst- und Mindestpreise von Nachfragern und Anbietern zwischen den Punkten gibt.

7 Preisbildung auf Wettbewerbsmärkten (Polypol)

BEISPIEL

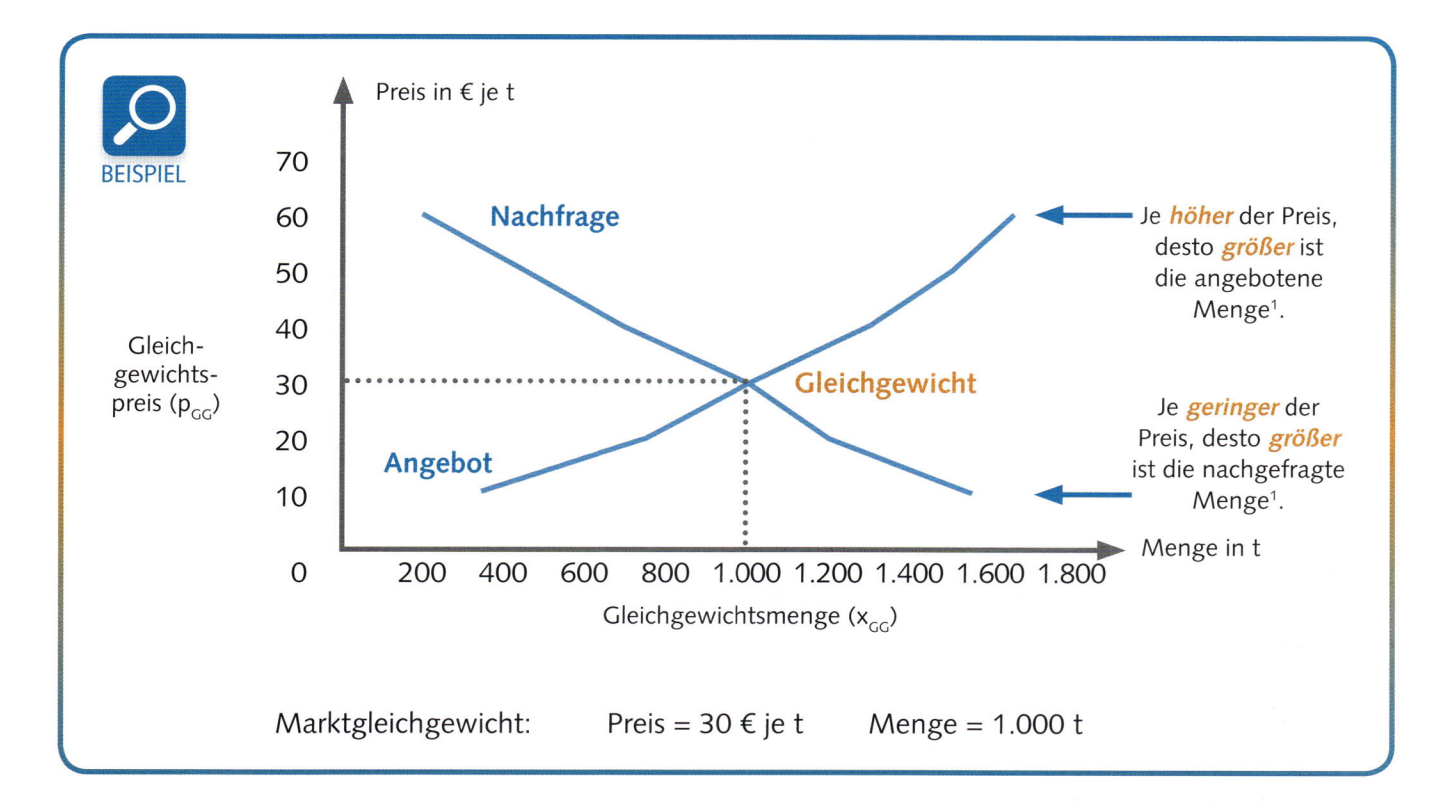

Gleichgewichtspreis (p_{GG})

Preis in € je t

Je *höher* der Preis, desto *größer* ist die angebotene Menge[1].

Je *geringer* der Preis, desto *größer* ist die nachgefragte Menge[1].

Gleichgewichtsmenge (x_{GG})

Marktgleichgewicht: Preis = 30 € je t   Menge = 1.000 t

MERKE

Gesetz des Angebots:
Wenn der Preis für ein Gut steigt, dann steigt für dieses Gut die angebotene Menge. Wenn der Preis für ein Gut sinkt, dann sinkt für dieses Gut die angebotene Menge.

Gesetz der Nachfrage:
Wenn der Preis für ein Gut steigt, dann sinkt für dieses Gut die nachgefragte Menge. Wenn der Preis für ein Gut sinkt, dann steigt für dieses Gut die nachgefragte Menge.

Skizze im **Preis-Mengen-Diagramm**

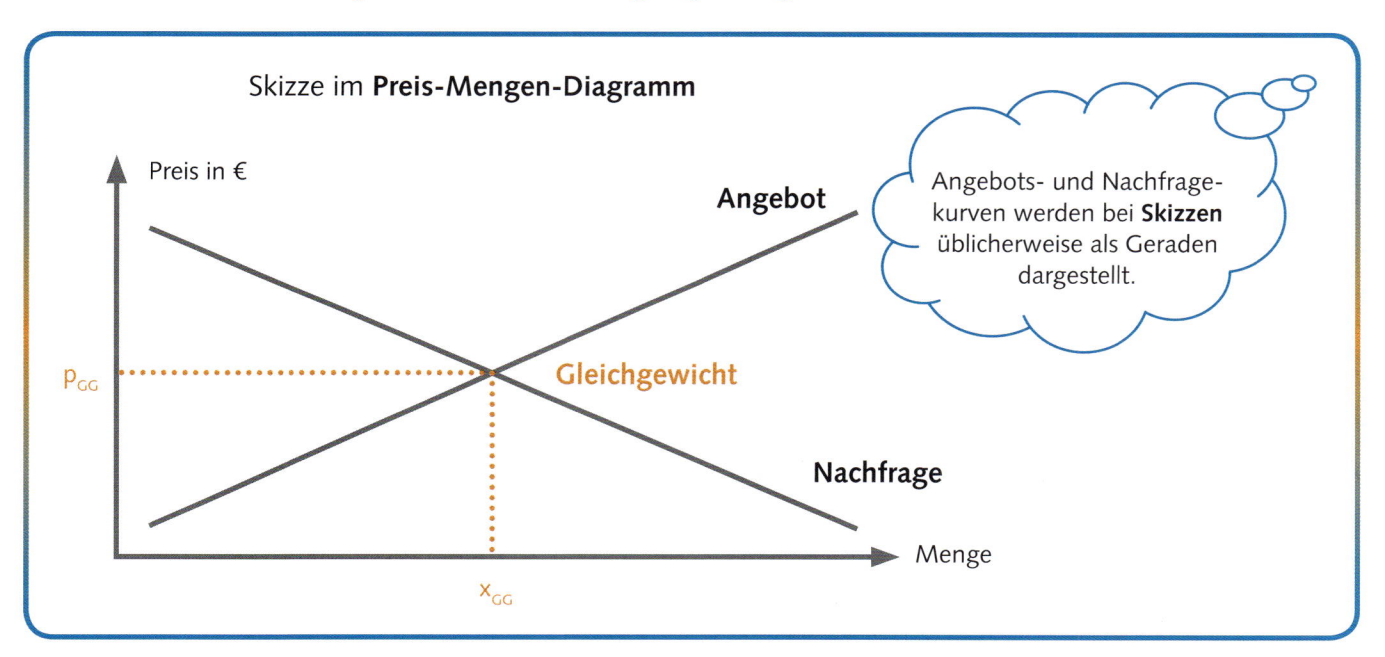

Angebots- und Nachfragekurven werden bei **Skizzen** üblicherweise als Geraden dargestellt.

In Wirklichkeit gibt es auf Wettbewerbsmärkten für die Güter (z. B. Brezeln, Mineralwasser) keinen Einheitspreis, zu dem alle Kauf- und Verkaufswünsche getätigt werden. Auf unvollkommenen Märkten kann es für gleiche Güter zu erheblichen Preisunterschieden kommen.

---

[1] Die Angebotskurve hat eine *positive* Steigung. ◄──► Die Nachfragekurve hat eine *negative* Steigung
   (normales Angebot)   (normale Nachfrage)

7 Preisbildung auf Wettbewerbsmärkten (Polypol)

B LERNSITUATION
Preisbildung auf Wettbewerbsmärkten (Polypol) darstellen

SITUATIONSBESCHREIBUNG   *Einstieg in die Lernsituation*

Leonie lernt im zweiten Jahr Bürokauffrau im Getreidegroßhandel Glatt GmbH. Einige Getreidesorten bezieht ihr Ausbildungsbetrieb direkt von der Stuttgarter Warenbörse. Da sich die Preise für Getreide täglich ändern, kommt der Beschaffung zum richtigen Zeitpunkt eine große Bedeutung zu. Zu Beginn ihrer Ausbildung dachte Leonie, „Getreide einzukaufen" ist wie „Kartoffeln auf dem Wochenmarkt zu kaufen".

Mittlerweile weiß Leonie, dass sich die Preisbildung auf diesen beiden Wettbewerbsmärkten stark voneinander unterscheidet.

Stuttgarter Waren- und Produktenbörse

Börsenbericht vom 3. September 2017
Notierungen für Getreide, Mühlenprodukte, ...
Großhandelsabgabepreis je 1.000 kg ohne MwSt.

Inländ. Brotweizen für Futterzwecke	150,00 €
Inländ. Weizen für Futterzwecke	140,00 €

Wochenmarkt in Ludwigsburg

Bericht im Ludwigsburger Bote vom
3. September 2017

Kartoffeln 1 kg festkochend	3,50 – 3,70 €
Tomaten, Handelsklasse A 1 kg	4,50 – 4,90 €

Weshalb gibt es an der Warenbörse für inländischen Brotweizen nur einen Preis, während es für Kartoffeln auf dem Wochenmarkt mehrere Preise gibt?

?   Erkenntnisleitende Fragestellung für diese Lernsituation:
      Auf welche Weise bilden sich die Preise an der Börse?

7 Preisbildung auf Wettbewerbsmärkten (Polypol)

AUFTRÄGE

Übergreifender Handlungsauftrag mit Handlungsprodukt:

Sie haben die Aufgabe, den neu eingestellten Auszubildenden das Zustandekommen der Getreidepreise an Warenbörsen zu erklären.

Handlungsaufträge:

1. Dem amtlichen Börsenmakler an der Stuttgarter Warenbörse liegen für inländischen Brotweizen die nachfolgenden Kauf- und Verkaufsaufträge vor.

   Stellen Sie fest, wie viele Tonnen Brotweizen bei unterschiedlichen Preisen (z. B. 130 €/t; 150 €/t; 180 €/t) verkauft werden. *Geben* Sie den Preis an, bei dem der Börsenmakler die verkaufte Menge maximiert.

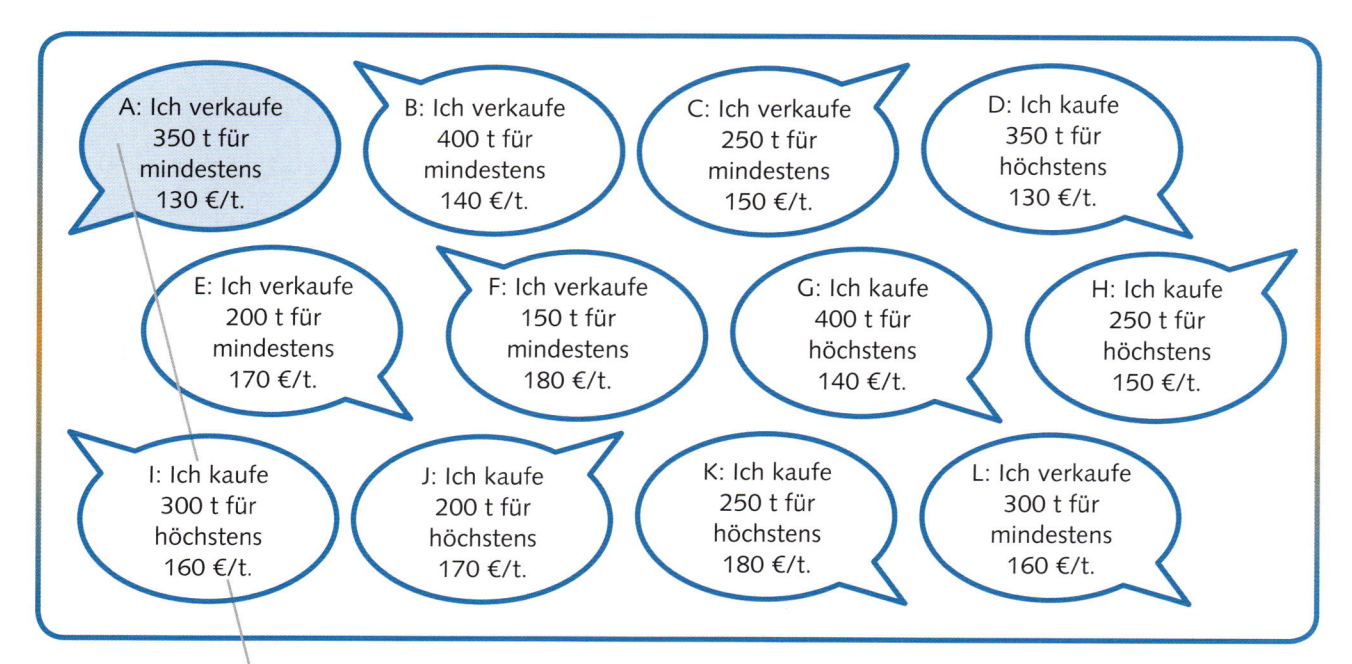

   - A: Ich verkaufe 350 t für mindestens 130 €/t.
   - B: Ich verkaufe 400 t für mindestens 140 €/t.
   - C: Ich verkaufe 250 t für mindestens 150 €/t.
   - D: Ich kaufe 350 t für höchstens 130 €/t.
   - E: Ich verkaufe 200 t für mindestens 170 €/t.
   - F: Ich verkaufe 150 t für mindestens 180 €/t.
   - G: Ich kaufe 400 t für höchstens 140 €/t.
   - H: Ich kaufe 250 t für höchstens 150 €/t.
   - I: Ich kaufe 300 t für höchstens 160 €/t.
   - J: Ich kaufe 200 t für höchstens 170 €/t.
   - K: Ich kaufe 250 t für höchstens 180 €/t.
   - L: Ich verkaufe 300 t für mindestens 160 €/t.

2. **Tabellarische Ermittlung** des Gleichgewichtspreises im Polypol

   Überprüfen Sie Ihr Ergebnis aus Aufgabe 1 mithilfe einer Tabelle nach folgendem Muster:

Preis in € je t	Gesamtangebot in t	Gesamtnachfrage in t	Absetzbare Menge in t	Verhältnis von Angebot ⟷ Nachfrage
130	350 t	…	…	…
140	…	…	…	…
…	…	…	…	…
180	…	…	…	…

Zusatzaufgabe zu 2:

Grafische Ermittlung des Gleichgewichtspreises im Polypol

Zeichnen Sie die Angebots- und Nachfragekurve in ein selbst erstelltes Koordinatensystem.

Übertragen Sie die Angebots- und Nachfragepunkte aus der Tabelle und verbinden Sie diese Punkte. *Kennzeichnen* Sie in der Grafik das Gleichgewicht und bestimmen Sie den Gleichgewichtspreis sowie die Gleichgewichtsmenge.

Hinweise für die Erstellung des Koordinatensystems:
x-Achse: 17 cm breit; 1 cm = 100 t; y-Achse: 20 cm hoch; 1 cm = 10 €

C ÜBUNGSAUFGABEN

7.1 DAS MARKTGLEICHGEWICHT AN EINER BÖRSE TABELLARISCH UND GRAFISCH ERMITTELN

Bei einem Makler an einer Wertpapierbörse gehen viele Kauf- und Verkaufsaufträge für Grohe-Aktien ein. Die nachfolgende Tabelle enthält die zusammengefassten Werte:

Verkaufsaufträge	Kaufaufträge
10 Stück zu mindestens 150 €	20 Stück zu höchstens 150 €
70 Stück zu mindestens 151 €	30 Stück zu höchstens 151 €
30 Stück zu mindestens 152 €	40 Stück zu höchstens 152 €
20 Stück zu mindestens 153 €	10 Stück zu höchstens 154 €

a) *Ermitteln* Sie tabellarisch das Gesamtangebot, die Gesamtnachfrage und das Marktgleichgewicht.

b) *Beschreiben* Sie die Marktlage beim Preis von 150 € bzw. beim Preis von 153 €.

c) *Ermitteln* Sie grafisch das Gesamtangebot, die Gesamtnachfrage und das Marktgleichgewicht.

d) *Begründen* Sie, weshalb es sich bei der Wertpapierbörse um ein Polypol sowie um einen vollkommenen Markt handelt.

e) Angenommen der Börsenmakler erhält auf den getätigten Umsatz eine Provision (Courtage) von 1,5 %. *Ermitteln* Sie für den vorliegenden Fall die Provision.

Zusatzaufgabe zu 7.1:

Angenommen, bei sonst unveränderten Zahlen gibt es einen zusätzlichen Marktteilnehmer mit dem Auftrag:

„Ich kaufe 60 Stück Grohe-Aktien zu jedem Preis, aber so billig wie möglich."

Ermitteln Sie tabellarisch das Gesamtangebot, die Gesamtnachfrage und das neue Marktgleichgewicht und begründen Sie das Ergebnis.

Beurteilen Sie die Risikobereitschaft des zusätzlichen Marktteilnehmers.

7.2 PREISBILDUNG IM PREIS-MENGEN-DIAGRAMM KENNZEICHNEN

Erstellen Sie ein Preis-Mengen-Diagramm nach untenstehendem Muster und *kennzeichnen* Sie dort mit der jeweiligen Ziffer (①, ②, …) die folgenden Begriffe:

- Nachfrage ① und Angebot ②
- Marktgleichgewicht ③, Gleichgewichtspreis ④ und Gleichgewichtsmenge ⑤
- Nachfragelücke ⑥ und Nachfrageüberschuss ⑦

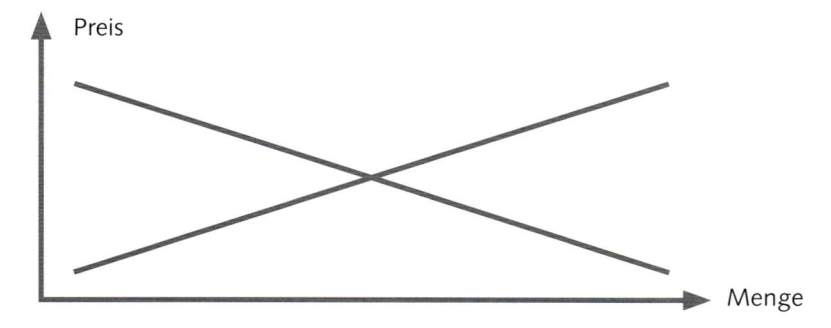

Kompetenzbereich

II

Wirtschaftliches Handeln in der Sozialen Marktwirtschaft analysieren

UNTERRICHTSEINHEIT 8:

ANPASSUNGSPROZESSE VOM MARKTUNGLEICHGEWICHT ZUM MARKTGLEICHGEWICHT (PREISMECHANISMUS)

Kompetenzbeschreibung des Lehrplanes:

„Ausgehend von einer Ungleichgewichtssituation durch Verschiebung der Angebots- bzw. Nachfragekurve erläutern sie (die Schülerinnen und Schüler) den Anpassungsprozess hin zu einem neuen Marktgleichgewicht."

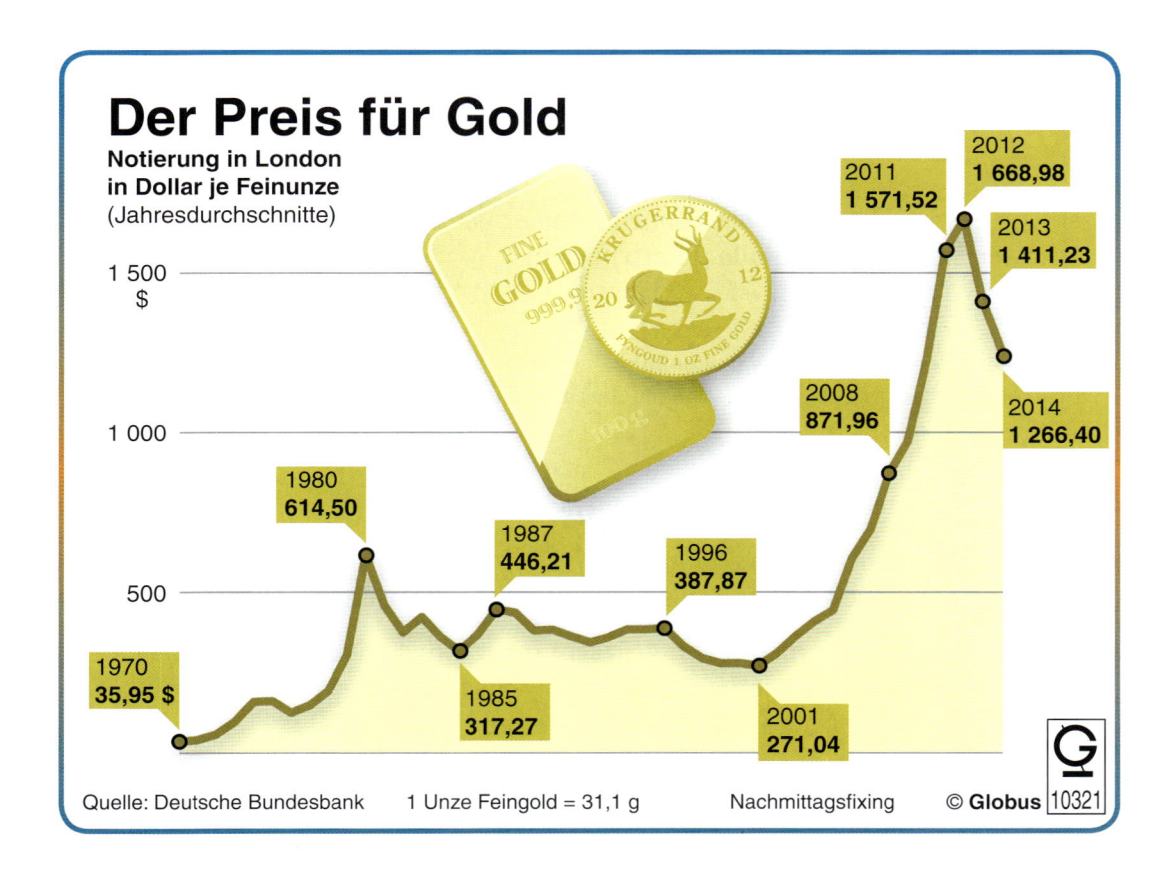

Der Preis für Gold
Notierung in London in Dollar je Feinunze (Jahresdurchschnitte)

Jahr	Preis
1970	35,95 $
1980	614,50
1985	317,27
1987	446,21
1996	387,87
2001	271,04
2008	871,96
2011	1 571,52
2012	1 668,98
2013	1 411,23
2014	1 266,40

Quelle: Deutsche Bundesbank   1 Unze Feingold = 31,1 g   Nachmittagsfixing

© Globus 10321

A Grundlagenwissen 86

B Lernsituation
   Anpassungsprozesse vom Marktungleichgewicht zum Marktgleichgewicht erläutern 89

C Übungsaufgaben 91

8 ANPASSUNGSPROZESSE VOM MARKTUNGLEICHGEWICHT ZUM MARKTGLEICHGEWICHT (PREISMECHANISMUS)

A GRUNDLAGENWISSEN

Im Zeitablauf können sich Bestimmungsfaktoren von Angebot und/oder Nachfrage ändern. Dies kann zu einem veränderten Verhalten der Marktteilnehmer führen. Als Folge bringt der bisherige Gleichgewichtspreis die angebotene und die nachgefragte Menge nicht mehr zum Ausgleich. Es entsteht ein Marktungleichgewicht, das nur durch einen Anpassungsprozess aufgelöst werden kann. Die „unsichtbare Hand" des Marktes führt im Rahmen der marktwirtschaftlichen Ordnung ständig zu neuen Marktgleichgewichten: Gleichgewichtspreis und Gleichgewichtsmenge verändern sich.

> **MERKE**
> Die Änderungen von Bestimmungsfaktoren von Angebot und Nachfrage führen zu einem neuen Marktgleichgewicht. Die dabei ausgelösten Anpassungsprozesse werden als Preismechanismus bezeichnet.

Die Änderungen von Bestimmungsfaktoren können zu einer Verschiebung der Angebots- bzw. Nachfragekurve führen. Es lassen sich **vier Grundfälle** unterscheiden:

(1) Zunahme der Nachfrage

> **BEISPIEL**
> Die Nachfrager erzielen ein höheres Einkommen.
> Die Nutzeneinschätzung der Nachfrager gegenüber dem Gut erhöht sich.

Grafische Umsetzung: Die Nachfragekurve verschiebt sich nach rechts.

- Beim bisherigen Gleichgewichtspreis von 4 € kommt es zu einem **Nachfrageüberschuss,** da die nachgefragte Menge von 70 Stück größer ist als die angebotene Menge von 50 Stück.

- Die Nachfrager, deren Pläne zum Preis von 4 € nicht mehr erfüllt werden, treten in einen **Preisüberbietungswettbewerb.** Folglich steigt der Preis, bis ein neues Gleichgewicht bei einem höheren Preis von 5 € und einer größeren Menge von 60 Stück erreicht ist.

Skizze im **Preis-Mengen-Diagramm**

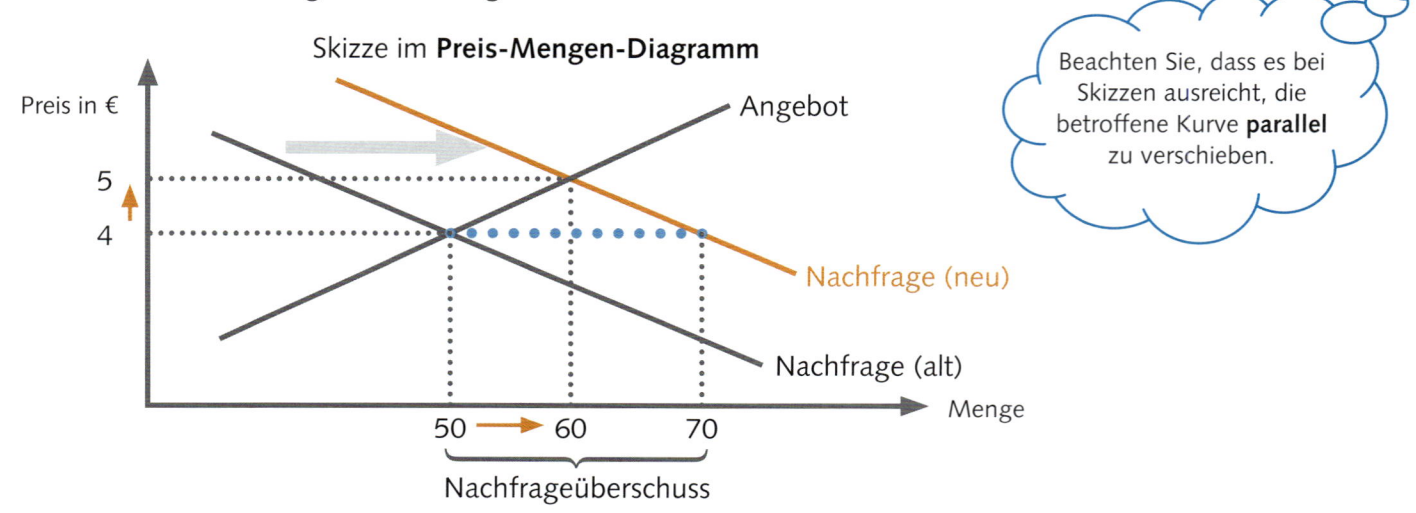

> Beachten Sie, dass es bei Skizzen ausreicht, die betroffene Kurve **parallel** zu verschieben.

(2) Abnahme der Nachfrage

BEISPIEL
- Die Nachfrager erzielen ein geringeres Einkommen.
- Die Nutzeneinschätzung gegenüber dem Gut verringert sich.

Grafische Umsetzung: Die Nachfragekurve verschiebt sich nach links.

- Beim bisherigen Gleichgewichtspreis kommt es zu einem **Angebotsüberschuss** ①
(nachgefragte Menge < angebotene Menge).

- Die Anbieter, deren Pläne zum Preis von 12 € nicht mehr erfüllt werden, treten in einen Preisunterbietungswettbewerb. Folglich sinkt der Preis, bis ein neues Gleichgewicht bei einem Preis von 10 € und einer geringeren Menge von 300 Stück erreicht ist.

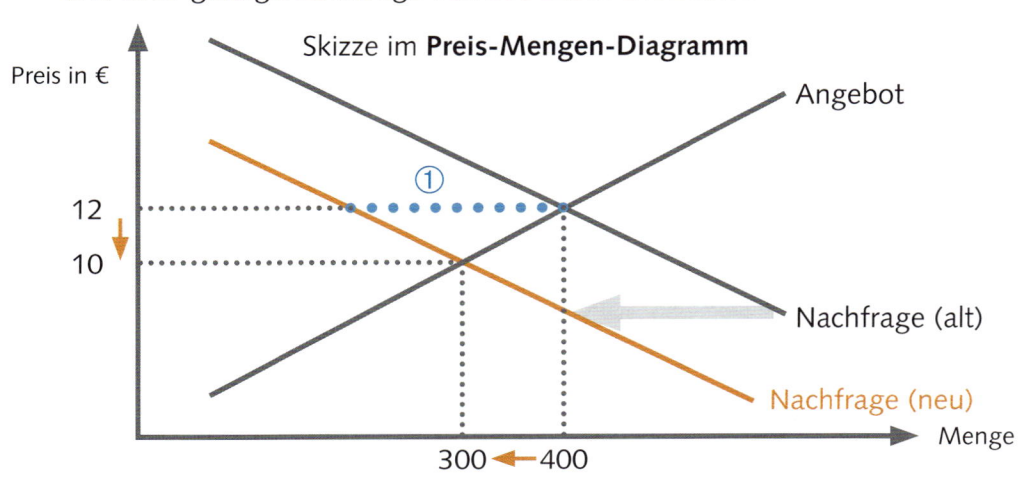

Skizze im **Preis-Mengen-Diagramm**

(3) Zunahme des Angebots

BEISPIEL
- Die Anbieter haben geringere Produktionskosten.
- Die Zahl der Anbieter erhöht sich.

Grafische Umsetzung: Die Angebotskurve verschiebt sich nach rechts.

- Beim bisherigen Gleichgewichtspreis kommt es zu einem **Angebotsüberschuss** ②
(nachgefragte Menge < angebotene Menge).

- Die Anbieter, deren Pläne zum Preis von 12 € nicht mehr erfüllt werden, treten in einen Preisunterbietungswettbewerb. Folglich sinkt der Preis, bis ein neues Gleichgewicht bei einem Preis von 10 € und einer höheren Menge von 500 Stück erreicht ist.

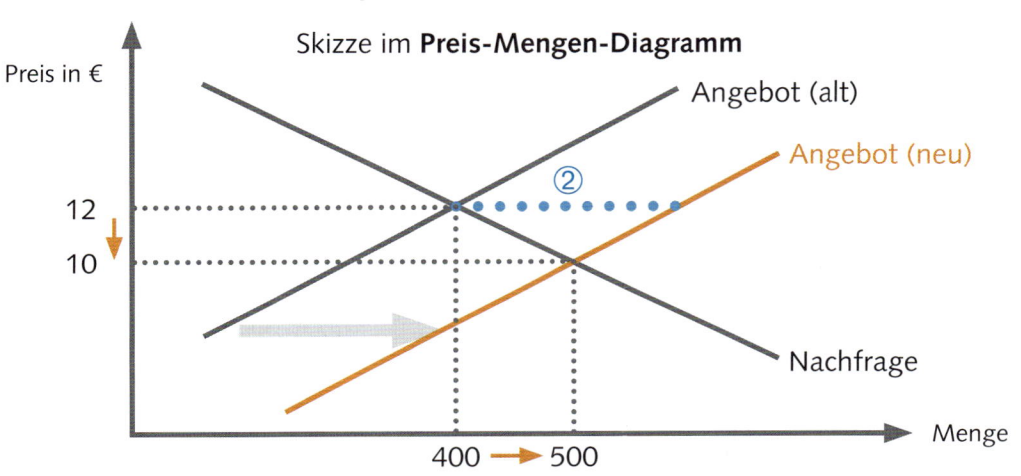

Skizze im **Preis-Mengen-Diagramm**

(4) Abnahme des Angebots

BEISPIEL
Die Anbieter haben höhere Produktionskosten.
Die Zahl der Anbieter verringert sich.

Grafische Umsetzung: Die Angebotskurve verschiebt sich nach links.

- Beim bisherigen Gleichgewichtspreis [p_0] kommt es zu einem **Nachfrageüberschuss,** da die nachgefragte Menge größer ist als die angebotene Menge.

- Die Nachfrager, deren Pläne zum Preis p_0 nicht mehr erfüllt werden, treten in einen **Preisüberbietungswettbewerb.** Folglich steigt der Preis, bis ein neues Gleichgewicht bei einem höheren Preis [p_1] und einer geringeren Menge [x_1] erreicht ist.

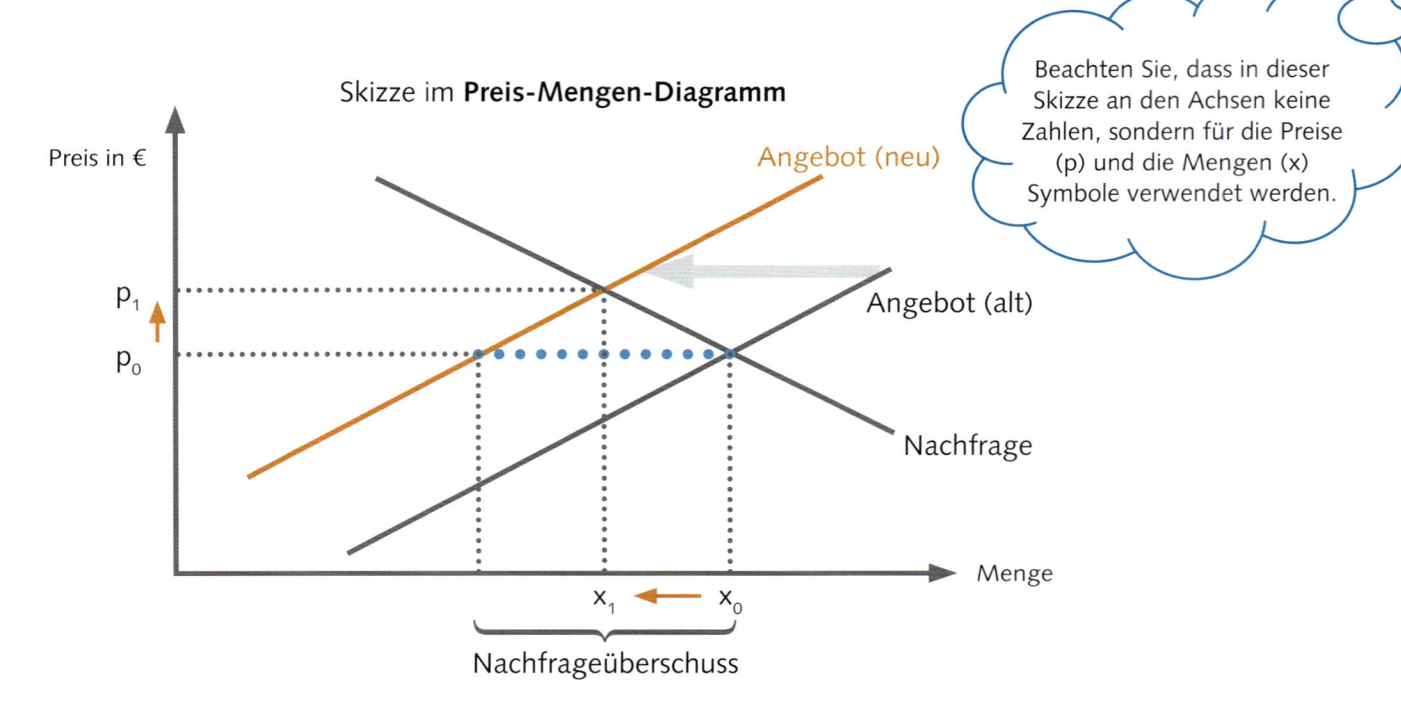

Skizze im **Preis-Mengen-Diagramm**

> Beachten Sie, dass in dieser Skizze an den Achsen keine Zahlen, sondern für die Preise (p) und die Mengen (x) Symbole verwendet werden.

Exkurs: Gleichzeitige Veränderung der Angebots- und der Nachfragekurve

MERKE
Verändern sich Bestimmungsfaktoren, so könnte dies gleichzeitig zu einer Verschiebung der Angebots- und Nachfragekurve führen. Aus Vereinfachungsgründen wird im Rahmen der grafischen Umsetzung nur die Reaktion des direkt betroffenen Marktteilnehmers berücksichtigt.

- Verkäufer (Anbieter) sind betroffen → Verschiebung der Angebotskurve
- Käufer (Nachfrager) sind betroffen → Verschiebung der Nachfragekurve

BEISPIEL
Die Bundesregierung beschließt die Einführung von Wohngeld.
Welche Auswirkungen hat diese staatliche Maßnahme auf den Wohnungsmarkt?
In der Gesamtbetrachtung darf angenommen werden, dass die Wohngeldzahlung sowohl für die Mieter (→ Nachfrage nach Wohnungen) als auch für die Vermieter (→ Angebot an Wohnungen) von Bedeutung ist. Ausschlaggebend für die grafische Umsetzung ist <u>die erste Reaktion,</u> die von dieser staatlichen Maßnahme ausgeht.

Der Staat zahlt den bedürftigen Wohnungssuchenden Wohngeld, also den Nachfragern.

Aus diesem Grund wird die Nachfrage nach Wohnungen zunehmen, die Nachfragekurve verschiebt sich somit nach rechts. Die Vermutung, dass die Vermieter gleichzeitig mehr Wohnraum anbieten werden, bleibt unberücksichtigt. Die Lage der Angebotskurve bleibt deswegen unverändert.

B LERNSITUATION
Anpassungsprozesse vom Marktungleichgewicht zum Marktgleichgewicht erläutern

SITUATIONSBESCHREIBUNG — Einstieg in die Lernsituation

Paul lernt im zweiten Jahr Industriekaufmann bei dem Großküchenhersteller HoKo GmbH. Im Einkauf informiert sich ein Mitarbeiter täglich über die Entwicklung der Rohstoffpreise. Für die HoKo GmbH ist Aluminium ein wichtiger Rohstoff. Die Aluminiumpreise haben sich seit Jahresbeginn um 4,4 % erhöht und sind ständigen Schwankungen unterworfen.

Entwicklung der Rohstoffpreise in 2016			
Rohstoff	01.01.2016	06.07.2016	+/– in %
Gold (US$/Feinunze)	1.061,40	1.254,13	18,2
Silber (US$/Feinunze)	13,86	15,63	10,8
Platin (US$/Feinunze)	892,25	980,00	9,8
Öl (Brent; US$/Barrel)	37,60	40,84	8,6
Aluminium (US$/Tonne)	1.507,00	1.574,00	4,4
Blei (US$/Tonne)	1.782,00	1.876,00	5,3
Kupfer (US$/Tonne)	4.691,50	4.934,00	5,2
Nickel (US$/Tonne)	8.830,00	9.038,00	2,4
Zink (US$/Tonne)	1.609,00	1.804,85	12,2
Zinn (US$/Tonne)	14.600,00	17.085,00	17,0

Quelle: Destatis

Welche Bestimmungsfaktoren beeinflussen die Rohstoffpreise an der Warenbörse?

? Erkenntnisleitende Fragestellung für diese Lernsituation:
Auf welche Weise kommt es nach einer Veränderung von Angebot oder Nachfrage zu einem neuen Marktgleichgewicht?

8 Anpassungsprozesse vom Marktungleichgewicht zum Marktgleichgewicht (Preismechanismus)

AUFTRÄGE

Übergreifender Handlungsauftrag mit Handlungsprodukt:

Sie sollen für die Einkaufsabteilung untersuchen, welche Auswirkungen Veränderungen auf der Angebots- sowie Nachfrageseite auf das bisherige Marktergebnis haben. Erstellen Sie hierzu eine zusammenfassende Übersicht.

Handlungsaufträge:

1. Die Entwicklung der Aluminiumpreise ist ständigen Schwankungen unterworfen. Nachfolgend sind zwei völlig unterschiedliche Situationen gegeben:

   Situation A:
   Aluminium – das ist angeblich der Werkstoff der Zukunft. Stabil, leicht und in großen Mengen verfügbar. Der Bedarf stieg im Jahr 2014 weltweit um 4 %. Deutschland hat mit fast 40 Kilogramm Aluminium pro Einwohner den höchsten Pro-Kopf-Verbrauch.

   Situation B:
   Nach Angaben des International Aluminium Institute (IAI) ist im ersten Quartal 2016 die weltweite Aluminiumproduktion im Jahresvergleich um knapp 2 % auf 14 Mio. Tonnen zurückgegangen.

   Untersuchen Sie für beide Situationen A und B, welche Auswirkung die dargestellte Veränderung auf den Aluminiumpreis hat.

   Hierbei können folgende <u>Leitfragen</u> hilfreich sein:
   - Welche Marktseite ist unmittelbar von der Veränderung betroffen?   *Angebot oder Nachfrage?*
   - In welche Richtung verändert sich die betroffene Marktseite?   *Zunahme oder Abnahme?*
   - Welche Marktlage besteht beim bisherigen Marktpreis?   *Angebots- oder Nachfrageüberschuss?*
   - Wie wird sich der Gleichgewichtspreis verändern?   *steigen oder sinken?*

   Zusatzaufgabe zu 1:
   Stellen Sie die Veränderungen grafisch mithilfe einer Skizze im Preis-Mengen-Diagramm dar.
   Gehen Sie hierbei von einer normal verlaufenden Angebots- und einer normal verlaufenden Nachfragekurve aus. *Verschieben* Sie die betroffene Kurve im Falle eine Zunahme parallel nach rechts bzw. im Falle einer Abnahme parallel nach links.

2. Die beiden Situationen A und B aus Aufgabe 1 lassen sich der nachfolgenden Tabelle zuordnen. *Vervollständigen* und *erläutern* Sie die Übersicht.

Veränderung („wenn")	Auswirkungen auf ... („dann")	
	... den Gleichgewichts**preis**	... die Gleichgewichts**menge**
Fall 1: Angebot nimmt zu	?	?
Fall 2: Angebot nimmt ab	?	?
Fall 3: Nachfrage nimmt zu	?	?
Fall 4: Nachfrage nimmt ab	?	?

C ÜBUNGSAUFGABEN

8.1 AUSWIRKUNGEN VON VERÄNDERUNGEN AUF DEM „SALATMARKT" UNTERSUCHEN

1. *Lesen* Sie die nachfolgende Zeitungsmeldung und *erläutern* Sie, welche Zielsetzung die Salatbauern mit Ihrer „Pflugaktion" verfolgen.

> ### Jetzt haben wir den Salat!
> **Niedrige Preise machen den badischen Bauern zu schaffen: Salat wird untergepflügt.**
>
> FREIBURG. Badische Obst- und Gemüsebauern bleiben auf ihrer Salatproduktion sitzen. In Südbaden wird in diesen Tagen frischer Salat umgepflügt. Der Grund: Überproduktion und niedrige Preise, die unter den Erzeugniskosten liegen …

➕ Zusatzaufgabe zu 1:
Überprüfen Sie Ihre Überlegungen mithilfe einer Skizze im Preis-Mengen-Diagramm.
Annahme: Modell des Polypols auf dem vollkommenen Markt.

2. *Erläutern* Sie jeweils mithilfe einer Skizze im Preis-Mengen-Diagramm, welche Auswirkungen die folgenden Veränderungen auf das bisherige Marktergebnis (Preis/Menge) haben.

a) Geringere Nutzeneinschätzung der Konsumenten gegenüber Salaten.

b) Zunahme der Importe von Salaten aus Spanien.

8.2 ANPASSUNGSPROZESSE IM PREIS-MENGEN-DIAGRAMM KENNZEICHNEN

Die Nachfrage von China nach Aluminium hat sich deutlich verringert. Die nachfolgende Skizze stellt die sich daraus ergebende Veränderung auf dem Aluminiummarkt dar.
Hinweis: Das Angebot an Aluminium hat sich nicht verändert.

Bestimmen Sie folgende Größen:
- Bisheriger Gleichgewichtspreis und bisherige Gleichgewichtsmenge
- Neue Marktlage beim bisherigen Gleichgewicht und Höhe des Überschusses
- Neuer Gleichgewichtspreis und neue Gleichgewichtsmenge

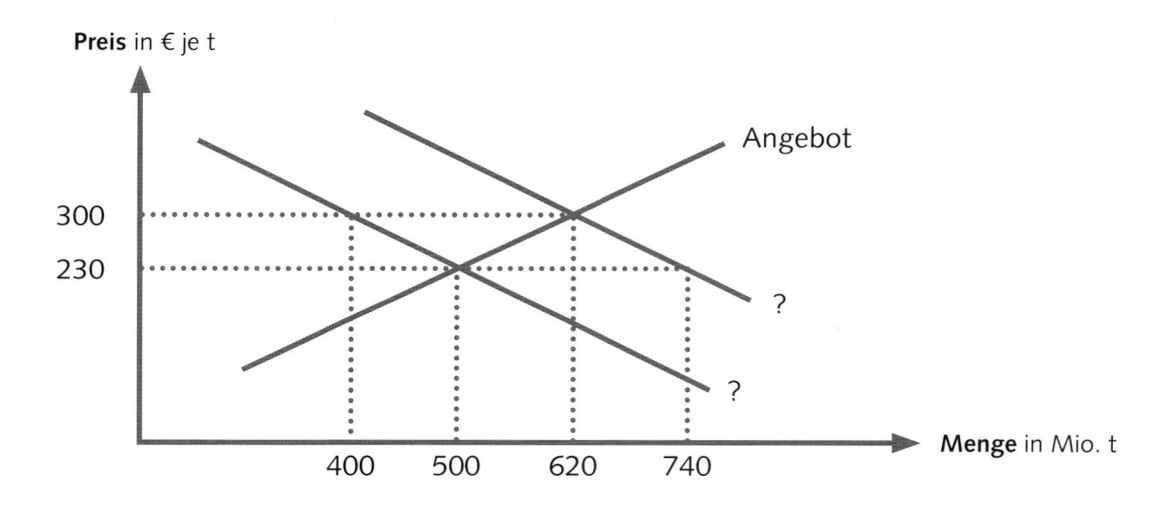

Kompetenzbereich II — *Wirtschaftliches Handeln in der Sozialen Marktwirtschaft analysieren*

UNTERRICHTSEINHEIT 9:
STAATLICHE EINGRIFFE IN DIE PREISBILDUNG AUF WETTBEWERBSMÄRKTEN

Kompetenzbeschreibung des Lehrplanes:

„Die Schülerinnen und Schüler untersuchen die Wirkungsweise von Staatseingriffen mithilfe des Modells des vollkommenen Polypols. Sie unterscheiden marktkonforme und marktkonträre Staatseingriffe und beurteilen deren Auswirkungen auf die Marktteilnehmer und den Staat."

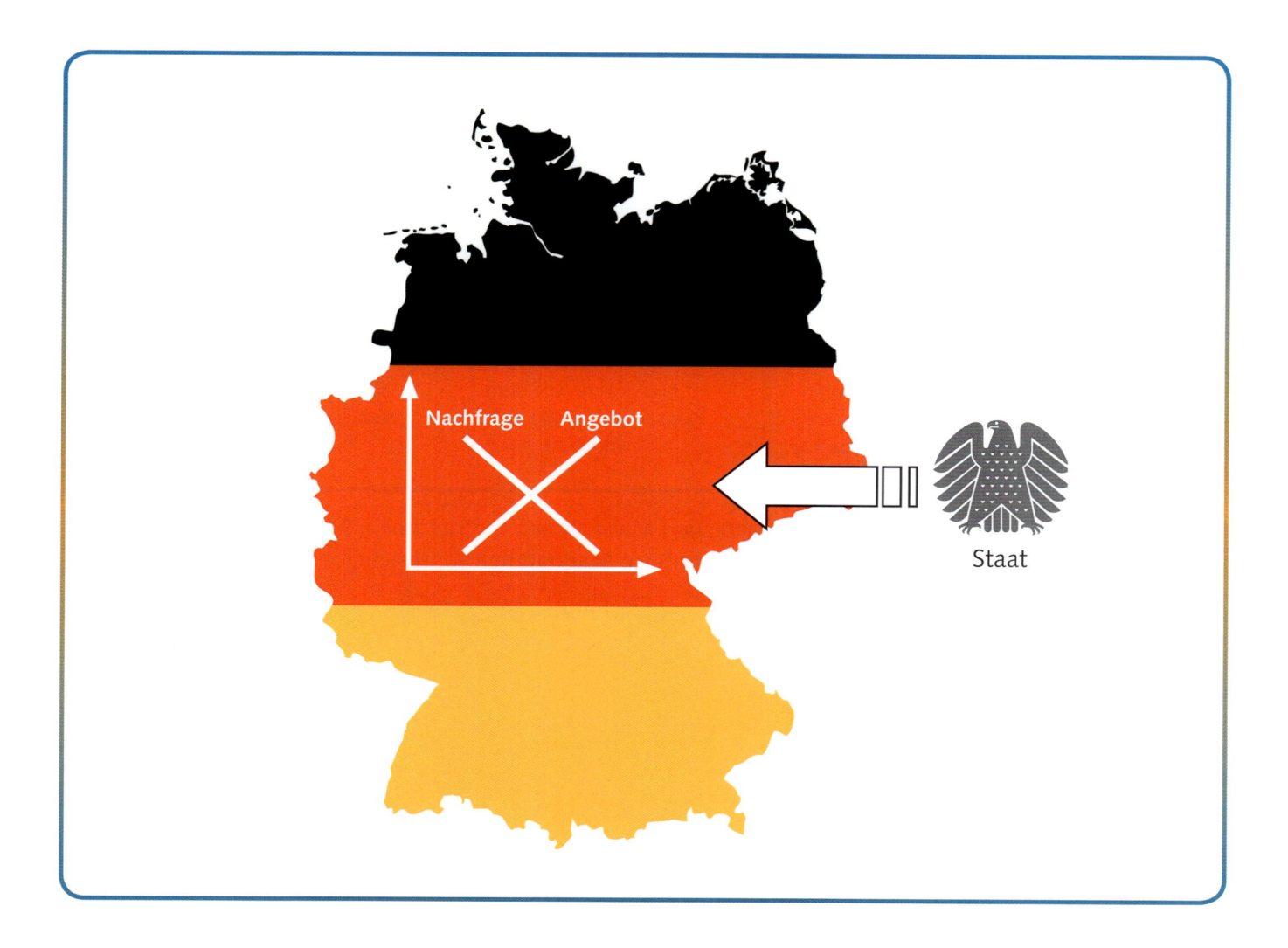

A Grundlagenwissen 94
B Lernsituation
Staatliche Eingriffe in die Preisbildung auf Wettbewerbsmärkten untersuchen und beurteilen 98
C Übungsaufgaben 101

9 STAATLICHE EINGRIFFE IN DIE PREISBILDUNG AUF WETTBEWERBSMÄRKTEN

A GRUNDLAGENWISSEN

Preise bilden sich in einer rein marktwirtschaftlichen Ordnung ohne staatlichen Einfluss. Im Rahmen der Sozialen Marktwirtschaft hat der Staat jedoch die Verpflichtung, die Marktergebnisse aus verschiedenen Sichtweisen zu bewerten. Der Staat greift dann gegebenenfalls mit Maßnahmen in die freie Preisbildung auf Wettbewerbsmärkten ein.

sozialpolitisch	gesundheitspolitisch	umweltpolitisch
Das Marktergebnis soll für bestimmte Bevölkerungsgruppen verbessert werden.	Bestimmte Bevölkerungsgruppen sollen vor gesundheitsgefährdenden Gütern geschützt werden.	Anbieter und/oder Nachfrager sollen zu bestimmten Verhaltensweisen veranlasst werden.
BEISPIEL: Mietern zu Wohnungen verhelfen; Milchbauern finanziell unterstützen.	Jugendliche vor dem Konsum von E-Zigaretten schützen.	Nachfrage nach E-Autos oder nach Energiespar-Leuchtmitteln erhöhen.

Im Hinblick auf die „Verträglichkeit" der staatlichen Maßnahmen mit der freien Preisbildung auf den Märkten lassen sich **marktkonforme** und **marktkonträre Maßnahmen**[1] unterscheiden.

Marktkonforme Maßnahmen des Staates können die bisherigen Verhaltensweisen der Anbieter bzw. Nachfrager beeinflussen. Grafisch kommt es zu einer Verschiebung der Angebots- bzw. Nachfragekurve. Es bildet sich *ein* neues Marktgleichgewicht.

> **MERKE**
> Wird durch staatliche Eingriffe in die Preisbildung der Preismechanismus nicht außer Kraft gesetzt, handelt es sich um marktkonforme Maßnahmen.

Bei **marktkonträren Maßnahmen** des Staates werden zum Beispiel Preisgrenzen fest vorgegeben[2]. Liegt die Preisgrenze unterhalb des bisherigen Gleichgewichtspreises wird von einem **Höchstpreis** gesprochen, der nicht überschritten werden darf. Liegt die Preisgrenze oberhalb des bisherigen Gleichgewichtspreises wird von einem **Mindestpreis** gesprochen, der nicht unterschritten werden darf. Grafisch kommt es nicht zu einer Verschiebung der Angebots- oder Nachfragekurve. Somit wird sich auch *kein* neues Marktgleichgewicht bilden.

> **MERKE**
> Eingriffe des Staates in die Preisbildung, die den Preismechanismus außer Kraft setzen, werden marktkonträre Maßnahmen genannt.

---
[1] konform: einig, übereinstimmend bzw. konträr: gegensätzlich, entgegengesetzt
[2] Im Rahmen einer staatlichen Mengenpolitik könnten auch feste Produktionsmengen (z. B. Milchquote) vorgegeben werden.

Marktkonformer Eingriff des Staates in die Preisbildung auf dem Markt für E-Autos mithilfe von Subventionen

Annahme: Modell des Polypols auf dem vollkommenen Markt.

Problem: Weniger als 1 % der Kfz-Neuzulassungen entfallen auf E-Autos. Die Bundesregierung möchte, dass aus umweltpolitischen Gründen bis 2020 eine Million E-Autos neu zugelassen werden.

Maßnahme: Angenommen, mithilfe einer Subventionierung der Autohersteller soll dieses Problem gelöst werden. Für jedes verkaufte E-Auto erhalten die Unternehmen eine Unterstützungszahlung[1] (Prämie).

Wirkung: Die Subvention wirkt für die Autohersteller wie eine Kostenentlastung

- → Erhöhung des Angebots an E-Autos
- → Verschiebung der Angebotskurve nach rechts
- → Angebotsüberschuss beim bisherigen Gleichgewichtspreis
- → Anpassungsprozesse zum neuen Marktgleichgewicht
- → Der Preis für E-Autos sinkt (Preiseffekt); die verkaufte Stückzahl an E-Autos steigt (Mengeneffekt).

Zeichnerische Umsetzung einer Subventionierung der Anbieter (Skizze)

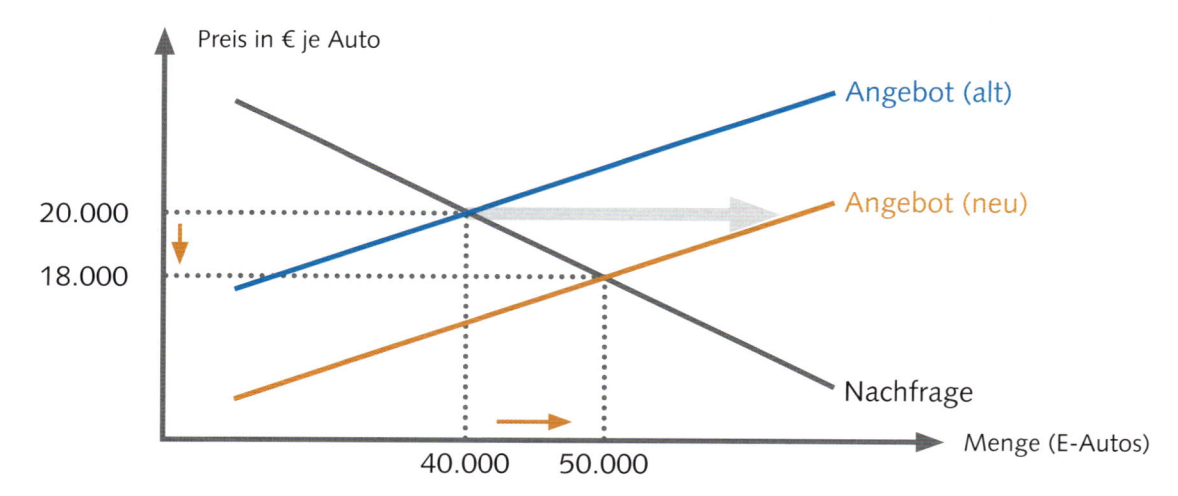

Beurteilung: Die Bundesregierung kommt ihrem Mengenziel näher, da mehr E-Autos verkauft werden. Ein sinkender Preis könnte auch für neue Käufergruppen Kaufanreize schaffen.

In der Automobilindustrie werden im Bereich der E-Autos Arbeitsplätze geschaffen (Beschäftigungseffekt). Allerdings könnten solche bei vergleichbaren Diesel- oder Benziner-Fahrzeugen verloren gehen.

Der Staat hat in Höhe der Subventionszahlungen zusätzliche Ausgaben, die aus Steuergeldern finanziert werden müssen.

MERKE: Subventionszahlungen führen im Normalfall zu einem geringeren Preis (Preiseffekt) und zu einer höheren produzierten Menge (Mengeneffekt).

---

[1] Im Juni 2016 hat der Bundestag eine Kaufprämie für E-Autos beschlossen.

9 Staatliche Eingriffe in die Preisbildung auf Wettbewerbsmärkten

> **BEISPIEL**
>
> ### Marktkonträrer Eingriff des Staates in die Preisbildung auf dem Milchmarkt mithilfe eines Mindestpreises
> Annahme: Modell des Polypols auf dem vollkommenen Markt.
>
> **Problem:** Nach Abschaffung der Milchquote im Jahr 2015 sinken die Erzeugerpreise für Milch auf 0,25 € je Liter. Dieser Preisverfall bedroht die Existenzgrundlage der Milchbauern.
>
> **Maßnahme:** Angenommen, der Staat legt einen Verkaufspreis in Höhe von 0,40 € je Liter fest, den die Milchbauern unabhängig vom Marktergebnis mindestens erhalten (= Mindestpreis).
>
> **Wirkung:** Der Mindestpreis von 0,40 € ist wirksam und setzt den geringeren Gleichgewichtspreis von 0,25 € außer Kraft.
> → Die Milchbauern bieten eine höhere Menge an als beim Gleichgewichtspreis. Die Nachfrager fragen demgegenüber eine geringere Menge nach.
> → Marktlage beim Mindestpreis: Angebotsüberschuss.
> → Der Staat muss den Angebotsüberschuss von 3.000 l aufkaufen. Die abgesetzte Menge verringert sich von 5.000 l auf 4.000 l.
>
> *Zeichnerische Umsetzung bei Festlegung eines Mindestpreises (Skizze)*
>
> [Diagramm: Preis-Mengen-Diagramm mit Angebots- und Nachfragekurve; Mindestpreis 0,40 €, Gleichgewichtspreis 0,25 €; Mengen 4.000 l, 5.000 l, 7.000 l; Angebotsüberschuss zwischen 4.000 l und 7.000 l]
>
> **Beurteilung:** Die wirtschaftliche Lage der Milchbauern hat sich verbessert. Der Mindestpreis führt jedoch in Höhe des Angebotsüberschusses zu Produktionsüberschüssen. Dem Staat entstehen durch den Aufkauf, die Lagerung und Verwaltung der Produktionsüberschüsse erhebliche Kosten, die aus Steuergeldern finanziert werden müssen. Die Konsumenten bezahlen für das gleiche Gut einen höheren Preis.

> **MERKE**
>
> Mindestpreise sind staatlich garantierte Preise, die nicht unterschritten werden dürfen. Mindestpreise begünstigen die Anbieter (Produzenten). Mindestpreise führen zu einem Überangebot. Sie machen staatliche Maßnahmen zum Aufkauf und zur Verwertung der Angebotsüberschüsse nötig.

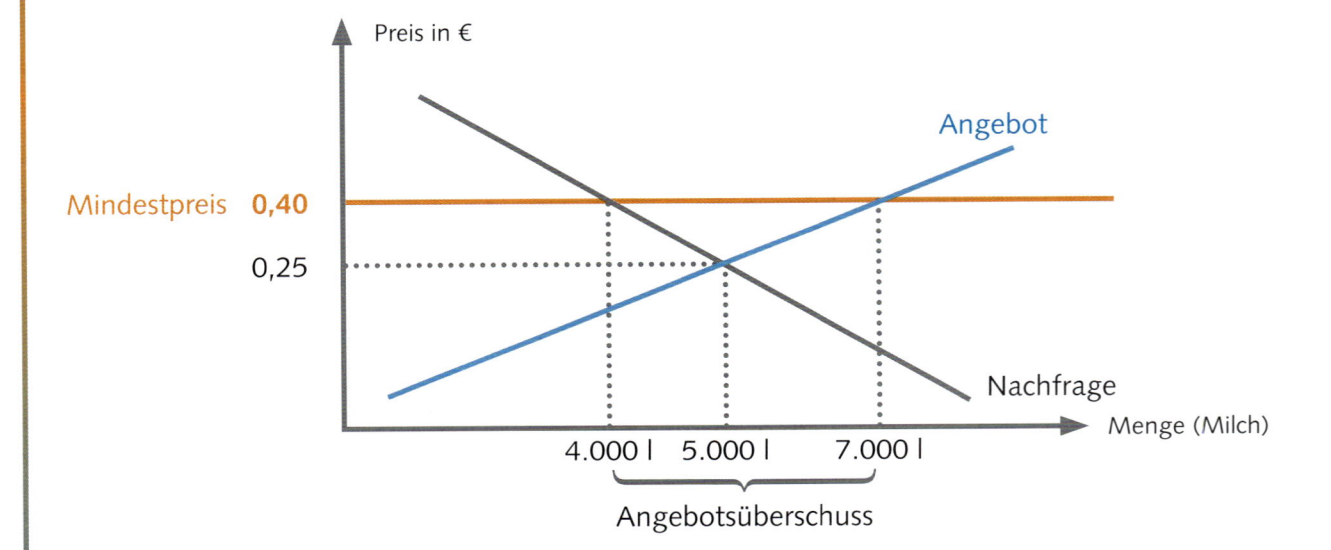

Marktkonträrer Eingriff des Staates in die Preisbildung auf dem Wohnungsmarkt mithilfe eines Höchstpreises

BEISPIEL

Annahme: Modell des Polypols auf dem vollkommenen Markt.

Problem: In vielen Städten herrscht Wohnungsnot, die Mietpreise für einen bestimmten Wohnungstyp sind auf 15 € je m² gestiegen. Untere Einkommensschichten können sich diese Wohnungen nicht mehr leisten

Maßnahme: Angenommen, der Staat legt einen Mietpreis von 12 € je m² fest, den die Mieter unabhängig vom Marktergebnis höchstens zahlen müssen (= Höchstpreis).

Wirkung: Der Mietpreis von 12 € je m² ist wirksam und setzt den höheren Gleichgewichtspreis von 15 € je m² außer Kraft.

→ Die Vermieter bieten weniger Wohnungen an als beim Gleichgewichtspreis. Die Mieter fragen demgegenüber mehr Wohnungen nach.

→ Marktlage beim Höchstpreis: Nachfrageüberschuss von 40.000 Wohnungen.

→ Die Anzahl der vermieteten Wohnungen verringert sich von 50.000 auf 30.000 Wohnungen.

Zeichnerische Umsetzung bei Festlegung eines Höchstpreises (Skizze)

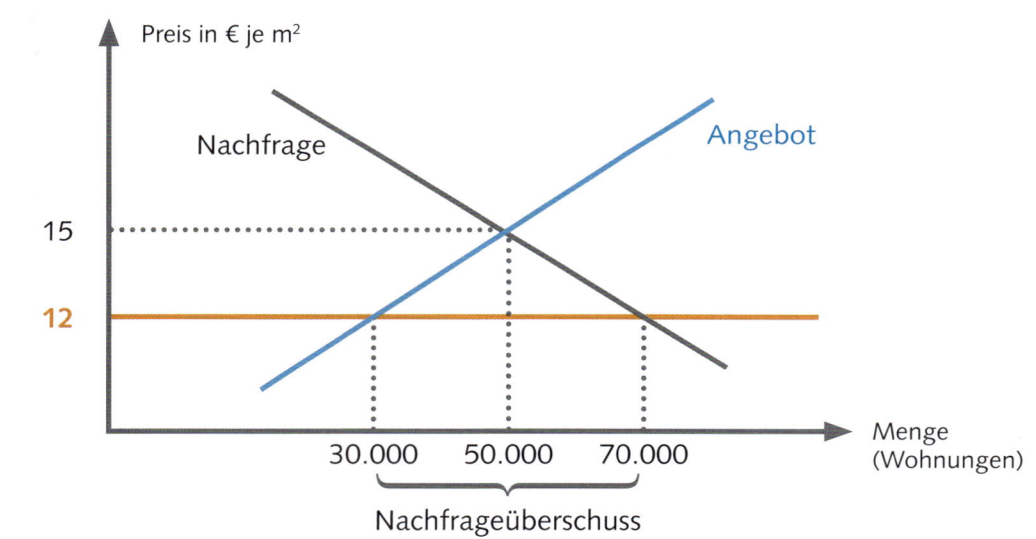

Beurteilung: Die „Mangellage" hat sich verschärft, Wohnungen werden noch knapper, als Folge kommt es zu einem Verteilungsproblem.

Übernimmt der Staat selbst die Zuteilung, müssen gerechte Auswahlkriterien (z. B. Bedürftigkeit) festgelegt werden. Überlässt der Staat die Wohnungsvergabe den Vermietern, besteht die Gefahr, dass soziale Auswahlkriterien (z. B. Kinderzahl) unberücksichtigt bleiben. Zudem wächst die Bereitschaft der Mieter, eine Miete über dem Höchstpreis zu zahlen, sodass sich ein Schwarzmarkt bilden könnte.

MERKE

Höchstpreise sind staatlich festgelegte Preise, die nicht überschritten werden dürfen. Höchstpreise begünstigen die Nachfrager (Konsumenten). Höchstpreise führen zu einem Nachfrageüberhang. Sie machen staatliche Kontrollen nötig, um das knappe Angebot auf die Nachfrager zu verteilen.

9 Staatliche Eingriffe in die Preisbildung auf Wettbewerbsmärkten

B LERNSITUATION
Staatliche Eingriffe in die Preisbildung auf Wettbewerbsmärkten untersuchen und beurteilen

SITUATIONSBESCHREIBUNG   *Einstieg in die Lernsituation*

Die Lage auf dem Wohnungsmarkt in einer süddeutschen Stadt ist sehr angespannt. Da besonders die Nachfrage nach 4-Zimmer-Wohnungen hoch ist, sind die Mieten bei diesem Wohnungstyp in den letzten drei Jahren um 20 % gestiegen. Die aktuelle Monatsmiete für 4-Zimmer-Wohnungen beträgt 1.200 €.

Von den drei nachstehenden Wohnungssuchenden erhalten nur die Eheleute Roth eine Wohnung. Familien beschweren sich zunehmend bei der Stadtverwaltung, dass es nahezu unmöglich ist, eine Wohnung zu erhalten.

Nachfrager auf dem Wohnungsmarkt:

Familie Schwarz
Julian Schwarz, Lagerist
Julia Schwarz, Hausfrau
3 Kinder: 2 Jahre, 5 Jahre, 9 Jahre
Monatseinkommen: 1.800 €
Zahlungsbereitschaft: bis 800 €

Eheleute Roth
Paul Roth, technischer Zeichner
Pauline Roth, Übersetzerin
keine Kinder
Monatseinkommen: 5.000 €
Zahlungsbereitschaft: bis 1.600 €

Familie Braun
Maria Braun, Sekretärin (halbtags)
Josef Braun, kaufm. Angestellter
1 Kind: 13 Jahre
Monatseinkommen: 3.000 €
Zahlungsbereitschaft: bis 1.000 €

Wer erhält eine 4-Zimmer-Wohnung?

Mit welchen Maßnahmen kann die Stadtverwaltung die Lage auf dem Wohnungsmarkt positiv beeinflussen?

Sammeln Sie in Ihrer Klasse mindestens vier staatliche Maßnahmen und *diskutieren* Sie über die Eignung der jeweiligen Maßnahme.

? Erkenntnisleitende Fragestellung für diese Lernsituation:
Welche Auswirkungen haben staatliche Eingriffe auf Wettbewerbsmärkten auf die Marktteilnehmer und den Staat?

AUFTRÄGE

Übergreifender Handlungsauftrag mit Handlungsprodukt:
Die Stadtverwaltung lädt zu einer öffentlichen Sitzung ein, um über die nicht zufriedenstellende Lage auf dem Wohnungsmarkt zu diskutieren. Sie sind Bürger dieser Stadt und überzeugt, dass die Stadt etwas unternehmen sollte. Erstellen Sie für die Bürgerversammlung eine Zusammenstellung mit den Vor- und Nachteilen der zur Diskussion stehenden Maßnahmen.

Handlungsaufträge:
1. *Verschaffen* Sie sich mithilfe der Materialien 1, 2 und 3 einen Überblick.
   Beschreiben Sie, in welcher Weise die drei Maßnahmen umgesetzt werden.
2. *Beurteilen* Sie die Maßnahmen aus folgenden Sichtweisen:
   - Stadtverwaltung Friedberg: Bürgermeisterin Lenz, Stadtkämmerer Stolarczuk
   - Wohnungssuchende in Friedberg: Familien Schwarz und Braun, Eheleute Roth
   - Bürger in Friedberg, die bereits eine Wohnung haben
   - Vermieter, die Wohnungen in Friedberg anbieten
3. *Bringen* Sie die drei Maßnahmen in eine Reihenfolge und *beginnen* Sie mit der aus Ihrer Sicht erfolgversprechendsten Maßnahme. *Begründen* Sie Ihre Reihenfolge.
4. *Erläutern* Sie für alle drei Maßnahmen, inwieweit sich der staatliche Eingriff in den Wohnungsmarkt noch mit der freien Preisbildung auf den Märkten vereinbaren lässt.

Zusatzaufgaben:
Die Umsetzung der von der Stadt Friedberg in Erwägung gezogenen Maßnahmen lässt sich im Preis-Mengen-Diagramm grafisch darstellen.
Annahme: Modell des Polypols auf dem vollkommenen Markt.

1. *Zeichnen* Sie als Skizze im Preis-Mengen-Diagramm die Ausgangssituation für 4-Zimmer-Wohnungen auf dem Friedberger Wohnungsmarkt.
   Kennzeichnen Sie in der Skizze das Marktgleichgewicht.
2. *Stellen* Sie die sich für jede Maßnahme ergebende Veränderung der Marktsituation grafisch dar. Grafische Umsetzungshinweise:

Wohngeld:	Die Nachfragekurve verschiebt sich nach rechts.
Höchstmiete:	Die Preisgrenze wird als horizontale „Preislinie" dargestellt.
Sozialer Wohnungsbau:	Die Angebotskurve verschiebt sich nach rechts.

   Überprüfen Sie anhand der grafischen Ergebnisse Ihre bisherigen Einschätzungen.

Material 1: Einladung zur Bürgerversammlung

STADT FRIEDBERG – „Hier lässt sich's für alle leben"

Liebe Mitbürgerinnen und Mitbürger der Stadt Friedberg,

zur **Bürgerversammlung**

am Mittwoch, dem 4. Mai 2016, um 20:00 Uhr im Festsaal der Stadt lade ich herzlich ein.

Thema: Maßnahmen zur Bekämpfung der Wohnungsnot in unserer Stadt

Bürgermeisterin Christina Lenz informiert zur vorgenannten Thematik und steht danach für Ihre Fragen zur Verfügung. Der aktuelle Stand kann auf der Homepage der Stadt Friedberg eingesehen werden.

Mit freundlichen Grüßen

Jens Geimer, Stadtverordnetenvorsteher

Material 2: Aktueller Stand „Wohnungsnot in Friedberg" (Auszug Homepage)

Maßnahmen zur Bekämpfung der Wohnungsnot
(Wohnungstyp: Vergleichbare 4-Zimmer-Wohnungen)

A: Die Stadt Friedberg zahlt jedem Haushalt, der in Friedberg eine solche Wohnung mietet, monatlich 200 € Wohngeld.

B: Begrenzung der Monatsmiete auf 1.000 €

C: Die Stadt Friedberg lässt 200 Sozialwohnungen bauen.

Material 3: Aktuelle Marktsituation für 4-Zimmer-Wohnungen in Friedberg
(mit vergleichbarer Größe und Ausstattung)

Miete pro Monat in €	Angebot (Wohnungen)	Nachfrage (Wohnungen)
600	0	600
800	100	500
1.000	200	400
1.200	**300**	**300**
1.400	400	200
1.600	500	100
1.800	600	0

C ÜBUNGSAUFGABEN

9.1 STAATLICHEN EINGRIFF AUF DEM MARKT FÜR BIO-MILCH UNTERSUCHEN
Annahme: Modell des Polypols auf dem vollkommenen Markt.

Der Staat will die Erzeuger von Bio-Milch unterstützen. Es sollen die Auswirkungen eines Mindestpreises (Alternative 1) und einer Subventionierung (Alternative 2) miteinander verglichen werden. In der folgenden Abbildung sind als Ausgangssituation die Marktnachfrage der privaten Haushalte nach Bio-Milch und das Marktangebot der für die Endverbraucher bestimmten Bio-Milch dargestellt.

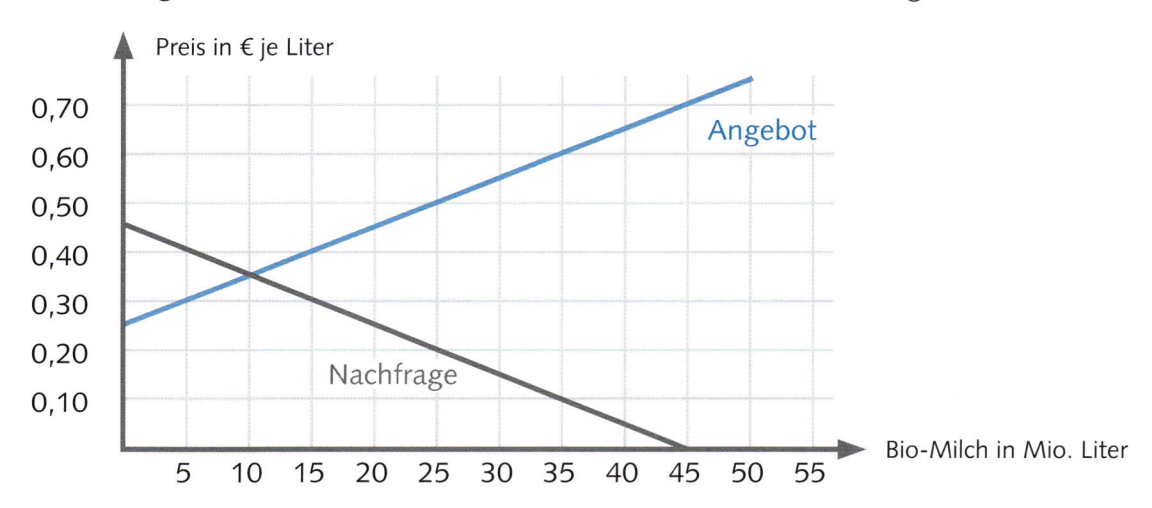

1. Marktsituation **vor** dem staatlichen Eingriff.
   Ermitteln Sie anhand der Grafik folgende Größen:
   - Gleichgewichtspreis
   - Gleichgewichtsmenge
   - Erlöse der Bio-Milchbauern

2. Alternative 1: **Festlegung eines Mindestpreises**
   Der geplante Mindestpreis beträgt 0,40 €.
   - *Stellen* Sie die sich daraus ergebende Veränderung der Marktsituation grafisch dar.
   - *Ermitteln* Sie anhand der Grafik folgende Größen:
     – Angebotene Menge beim Mindestpreis
     – Nachgefragte Menge beim Mindestpreis
     – Marktlage beim Mindestpreis
     – Ausgaben des Staates für die Aufkäufe der Produktionsüberschüsse
     – Erlöse der Bio-Milchbauern

3. Alternative 2: **Gewährung einer Subvention**
   Der Staat zahlt den Anbietern für jeden Liter Bio-Milch eine Subvention von 0,20 €.
   - *Stellen* Sie die sich daraus ergebende Veränderung der Marktsituation grafisch dar.
     Verschieben Sie hierzu die Angebotskurve parallel um 0,20 € nach unten.
   - *Ermitteln* Sie anhand der Grafik folgende Größen:
     – Marktgleichgewicht
     – Erlöse der Bio-Milchbauern
     – Ausgaben des Staates

4. *Treffen* Sie für den vorliegenden Fall eine begründete Entscheidung, ob der Staat die Erzeuger von Bio-Milch durch Einführung eines Mindestpreises oder durch Subventionierung unterstützen soll.

9.2 PRAXISBEISPIELE STAATLICHER EINGRIFFE EINORDNEN

Begründen Sie, ob es sich jeweils um eine marktkonforme oder marktkonträre Maßnahme handelt.

1. Der Staat zahlt jedem Käufer (Nachfrager) eines E-Autos eine Prämie von 4.000 €.
2. Für jede verkaufte Flasche Alcopops muss der Verkäufer (Anbieter) eine Mengensteuer in Höhe von 1,00 € an den Staat abführen.
3. Der Staat schreibt den Unternehmen vor, dass jeder Beschäftigte nicht weniger als 8,84 € in einer Stunde verdienen darf.

Zusatzaufgabe:

Stellen Sie die sich aus der Maßnahme ergebende Veränderung der Marktsituation grafisch im Preis-Mengen-Diagramm *dar*.

9.3 WIRKUNGEN STAATLICHER EINGRIFFE IM PREIS-MENGEN-DIAGRAMM UNTERSUCHEN

In der nachfolgenden Grafik werden drei Staatseingriffe berücksichtigt, die jeweils getrennt zu betrachten sind. Mindest- und Höchstpreis weichen jeweils 100 € vom ursprünglichen Gleichgewichtspreis ab.

Bestimmen Sie die nachfolgend angegebenen Größen:

1. Gleichgewichtspreis und abgesetzte Menge vor dem staatlichen Eingriff
2. Marktergebnis (Preis/Menge) nach der marktkonformen Maßnahme
3. Mindestpreis: Abgesetzte Menge und die Marktlage beim Mindestpreis
4. Höchstpreis: abgesetzte Menge und Marktlage beim Höchstpreis

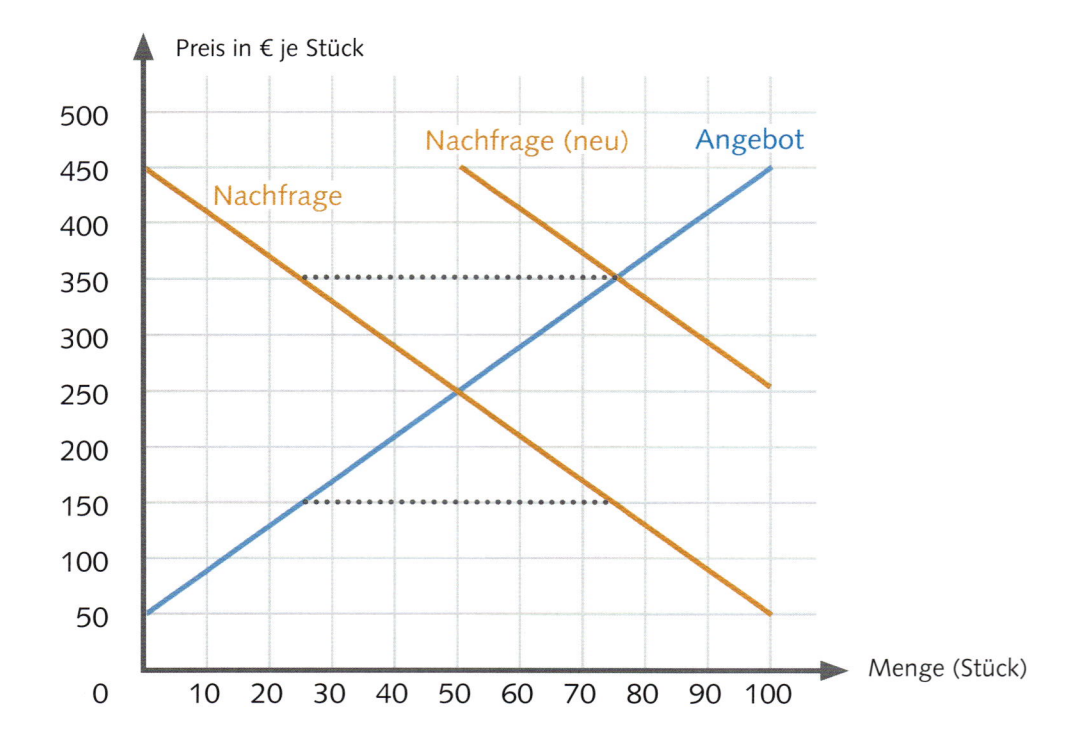

Kompetenzbereich

II

Wirtschaftliches Handeln in der Sozialen Marktwirtschaft analysieren

UNTERRICHTSEINHEIT 10:
PREISENTSCHEIDUNGEN DES ANGEBOTSMONOPOLISTEN

Kompetenzbeschreibung des Lehrplanes:

„Die Schülerinnen und Schüler stellen tabellarisch die Erlös-, Kosten- und Gewinnsituation des Angebotsmonopolisten bei unterschiedlichen Preisen dar und ermitteln die erlös- bzw. die gewinnmaximale Preis-Mengen-Kombination. Sie übertragen die gewonnenen Erkenntnisse in eine Grafik."

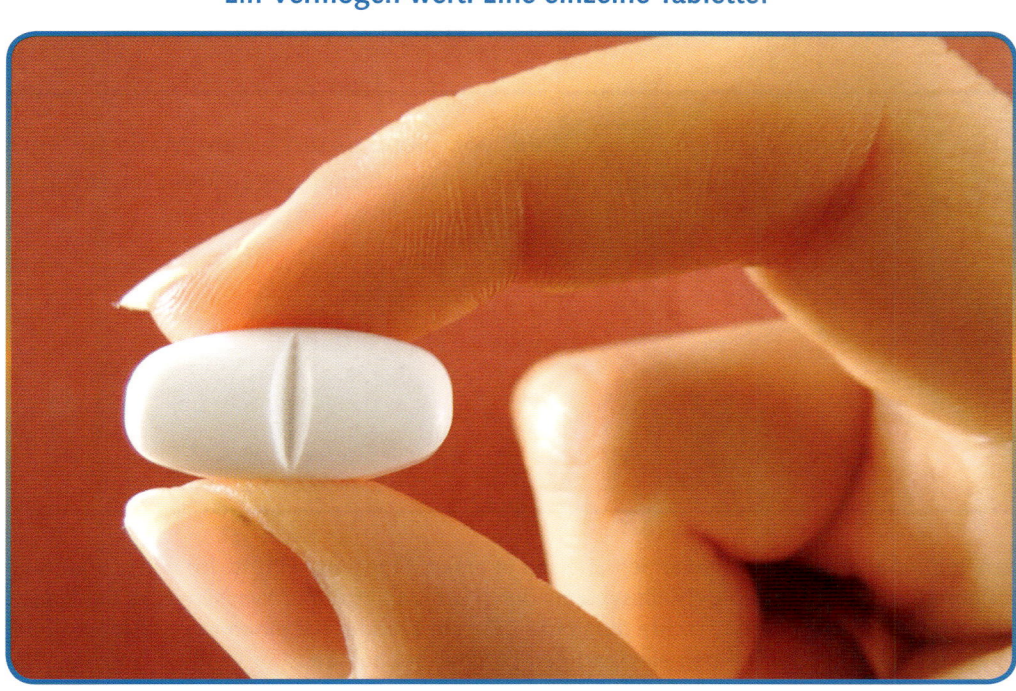

Ein Vermögen wert: Eine einzelne Tablette!

Welchen Preis kann der einzige Hersteller dieser Tablette verlangen?

A Grundlagenwissen
    1   Monopole in der Wirklichkeit 104
    2   Tabellarische Ermittlung des erlös- bzw. des gewinnmaximalen Preises 105
    3   Grafische Ermittlung des erlös- bzw. des gewinnmaximalen Preises 107

B Lernsituation
    Preisentscheidungen des Angebotsmonopolisten tabellarisch und grafisch darstellen 108

C Übungsaufgaben 111

10 PREISENTSCHEIDUNGEN DES ANGEBOTSMONOPOLISTEN

A GRUNDLAGENWISSEN

1 MONOPOLE IN DER WIRKLICHKEIT

Bei einem Angebotsmonopol bietet ein Anbieter vielen Nachfragern ein Gut an. Der Angebotsmonopolist hat also keine Konkurrenten zu befürchten. Da es jedoch häufig andere Güter gibt, die das Gut des Monopolisten ersetzen können, ist die Einschätzung, ob es sich im konkreten Fall tatsächlich um ein (reines) Angebotsmonopol handelt, nicht immer eindeutig.

BEISPIEL Berühmte Musiker möchten an ihrer ehemaligen Schule ein „einmaliges" Konzert geben. Die Einnahmen sollen einer Aids-Hilfe gespendet werden. Es handelt sich bei dem Konzert um ein Angebotsmonopol, da diese Musiker ihr Konzert nur an einem bestimmten Ort anbieten. Interessierte Musikliebhaber könnten aber an diesem Abend auch zu einem anderen Konzert in der Stadt gehen, wenn sie nur „Livemusik" nachfragen.

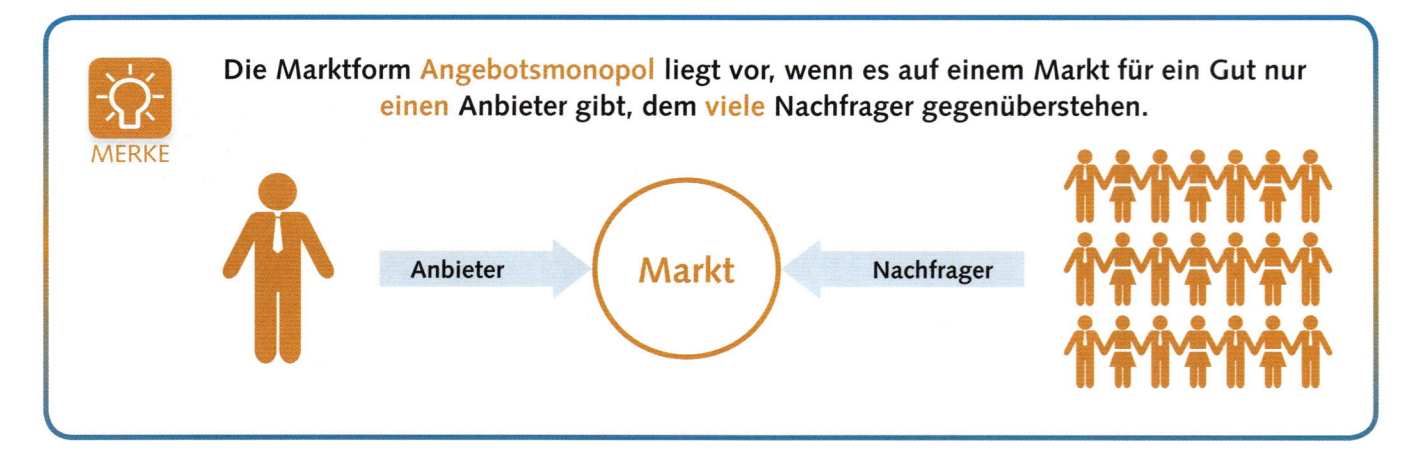

MERKE Die Marktform **Angebotsmonopol** liegt vor, wenn es auf einem Markt für ein Gut nur **einen** Anbieter gibt, dem **viele** Nachfrager gegenüberstehen.

Anbieter → Markt ← Nachfrager

BEISPIEL Angebotsmonopole: Verkauf von warmen Speisen in einem Flugzeug; Eintritt für den schiefen Turm von Pisa; Verkauf eines weit verbreiteten Betriebssystems durch den Marktführer; Wasserwerke der Stadt Ludwigsburg; Vergabe der Fußballübertragungsrechte durch die DFL; ein Erfinder hat einen neuen Klebstoff patentieren lassen; kyBoot bietet exclusiv einen einzigartigen Luftkissenschuh an.

Angebotsmonopole können aus verschiedenen Gründen entstehen:

- Die Monopolstellung resultiert aus einer zeitlich befristeten Patentgewährung durch den Staat **(Patentmonopol).**

- Aus der Sicht der Nachfrager hat ein Anbieter gegenüber den Mitbewerbern Vorteile (z.B. Produktqualität, technischer Vorsprung). Dadurch erreicht dieser Anbieter eine starke „monopolähnliche" Marktstellung **(Quasi-Monopol).**

- Der Staat tritt selbst als alleiniger Anbieter eines Produktes oder einer Dienstleistung auf **(Staatsmonopol).** Bei Versorgungsbetrieben (z.B. Wasser) können mehrere Anbieter wegen den hohen Fixkosten wirtschaftlich nicht sinnvoll sein. Der Staat übernimmt bei bestimmten Leistungen auch die Verantwortung für die Qualität und die Grundversorgung der Bevölkerung mit dem jeweiligen Gut.

- Wettbewerber auf einem Markt schließen sich zu einem Preiskartell zusammen **(Kollektivmonopol).**

2 TABELLARISCHE ERMITTLUNG DES ERLÖS- BZW. DES GEWINNMAXIMALEN PREISES

Mit dem Modell[1] des Angebotsmonopols auf dem vollkommenen Markt lassen sich wichtige Erkenntnisse für die Preispolitik marktmächtiger Unternehmen in der Wirklichkeit ableiten. Der Angebotsmonopolist benötigt als Grundlage für seine Preisgestaltung _zwei Angaben:_

Welche **Kosten** fallen bei unterschiedlichen Mengen an?

Höhe der **Fixkosten** sowie der **variablen Stückkosten**.

Wie reagieren die **Kunden** auf unterschiedliche Preise?

Zusammenhang zwischen Preis und absetzbarer Menge (**Preis-Absatz-Beziehung**).

BEISPIEL

Einem Pharmahersteller ist die Entwicklung einer neuartigen Tablette gelungen, die den Ausschlag bei einer Sonnenallergie deutlich verringert. Der erlös- sowie der gewinnmaximale Preis soll ermittelt werden.

- Der Pharmahersteller hat unabhängig von den hergestellten Stückzahlen monatliche Fixkosten in Höhe von 10.000 €. Zusätzlich fallen je Tablette Material- und Lohnkosten (variable Stückkosten) von 2 € an. In einem Monat könnten maximal 8.000 Tabletten hergestellt werden (Kapazität).

- Ein Marktforschungsunternehmen hat folgenden monatlichen Zusammenhang zwischen Preis und absetzbarer Menge ermittelt (**Preis-Absatz-Beziehung**):

Preis je Tablette	10 €	8 €	6 €	4 €	2 €	0 €
Absatz in Stück	0	2.000	4.000	6.000	8.000	10.000

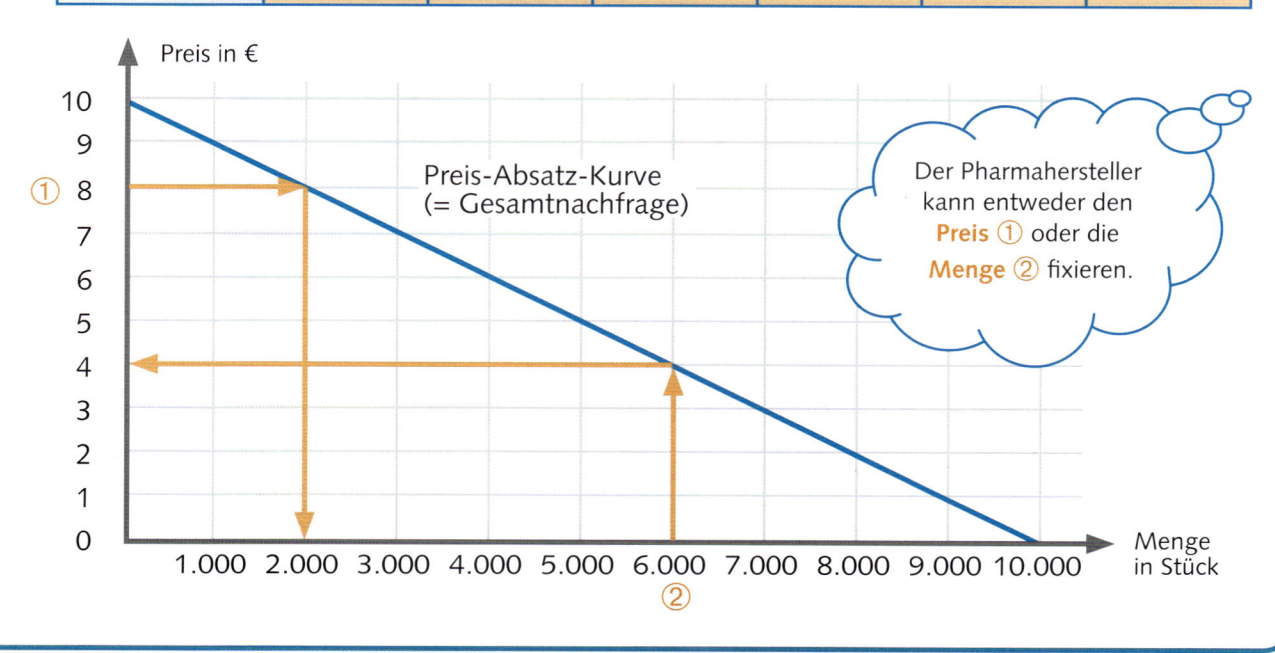

Der Pharmahersteller kann entweder den **Preis** ① oder die **Menge** ② fixieren.

Preis-Absatz-Kurve (= Gesamtnachfrage)

[1] Es gelten die Bedingungen des vollkommen Marktes: Homogene Güter, keine Präferenzen, vollständige Markttransparenz. Der Monopolist kennt die Gesamtnachfrage. Somit entspricht seine Produktionsmenge dem Absatz, er produziert nicht auf Lager. Es fallen fixe Kosten sowie gleichbleibende variable Stückkosten an.

10 Preisentscheidungen des Angebotsmonopolisten

MERKE

Die zu einem bestimmten Preis absetzbare Menge des Angebotsmonopolisten stimmt mit der Gesamtnachfrage zu diesem Preis überein.

Um ein vorgegebenes Ziel (z.B. Gewinnmaximierung) zu erreichen, kann der Monopolist entweder den Preis (= Preisfixierer) oder die Menge (= Mengenfixierer) festlegen.

BEISPIEL

Wenn der Pharmahersteller einen Preis von 8 € festlegt, würde er monatlich 2.000 Tabletten verkaufen. Wenn der Pharmahersteller die Menge auf 6.000 Tabletten festlegt, müsste er 4 € je Tablette verlangen. Der Pharmahersteller kann also nicht einen Preis von 8 € je Tablette verlangen und gleichzeitig 6.000 Tabletten verkaufen.

BEISPIEL

Die nachfolgende Tabelle zeigt die Gesamtsituation bei unterschiedlichen Preisen:

Preis (p) in €	Menge (x) in Tabletten	Erlöse in €	Kosten in €	Gewinn in €
10,00	0	0	10.000	–10.000
8,00	2.000	16.000	14.000	2.000
7,00	3.000	21.000	16.000	5.000
6,00	4.000	24.000	18.000	6.000
5,00	5.000	25.000	20.000	5.000
4,00	6.000	24.000	22.000	2.000
2,00	8.000	16.000	26.000	–10.000
0,00	10.000	0	30.000	–30.000

Gewinnmaximaler Preis → 6,00
Erlösmaximaler Preis → 5,00

MERKE

Erlöse = Preis · Menge
Kosten = Fixkosten + variable Stückkosten · Menge
Gewinn/Verlust = Erlöse – Kosten

Die beiden Ziele „Gewinnmaximierung" und „Erlösmaximierung" führen im Normalfall[1] nicht zum gleichen Preis. Der Monopolist muss sich somit entscheiden, welches Ziel er anstrebt.

Vergleich zwischen Monopol und Polypol

Unter der Annahme gleicher Nachfrage- und Produktionsbedingungen gilt:

- Der Monopolist verkauft das Gut zu einem relativ hohen Preis. Beim Polypol führt der starke Wettbewerbsdruck zwischen den Anbietern zu geringeren Preisen.

- Beim Monopol werden die Verbraucher schlechter versorgt, da die Monopolmenge kleiner ist als die abgesetzte Menge beim Polypol.

- Der Monopolist erzielt als Folge seiner Marktmacht einen zusätzlichen Gewinn.

Das Bundeskartellamt kontrolliert, inwieweit bei monopolähnlichen Stellungen die Marktmacht zulasten der Kunden missbräuchlich ausgenutzt wird.

---

[1] Der Normalfall ist gegeben, wenn im Unternehmen variable Kosten anfallen.

3 GRAFISCHE ERMITTLUNG DES ERLÖS- BZW. DES GEWINNMAXIMALEN PREISES

Für die grafische Ermittlung ist die **Erlöskurve** sowie die **Kostengerade** zu zeichnen. Die **Erlöskurve** hat bis zum Hochpunkt einen steigenden, danach einen fallenden Verlauf. Die **Kostengerade** beginnt in Höhe der Fixkosten und steigt mit zunehmender Ausbringungsmenge.

MERKE

In der grafischen Darstellung ist beim Gewinnmaximum der Abstand zwischen der Erlöskurve und der Kostenkurve am größten. An dieser Stelle lässt sich auf der x-Achse die gewinnmaximale Menge ablesen. Das Erlösmaximum befindet sich auf dem Hochpunkt der Erlöskurve.

BEISPIEL

Grafische Darstellung der Erlöse und Kosten bei unterschiedlichen Stückzahlen:
Bearbeitungshinweis: Die Werte lassen sich von der tabellarischen Lösung (S. 106) übernehmen.

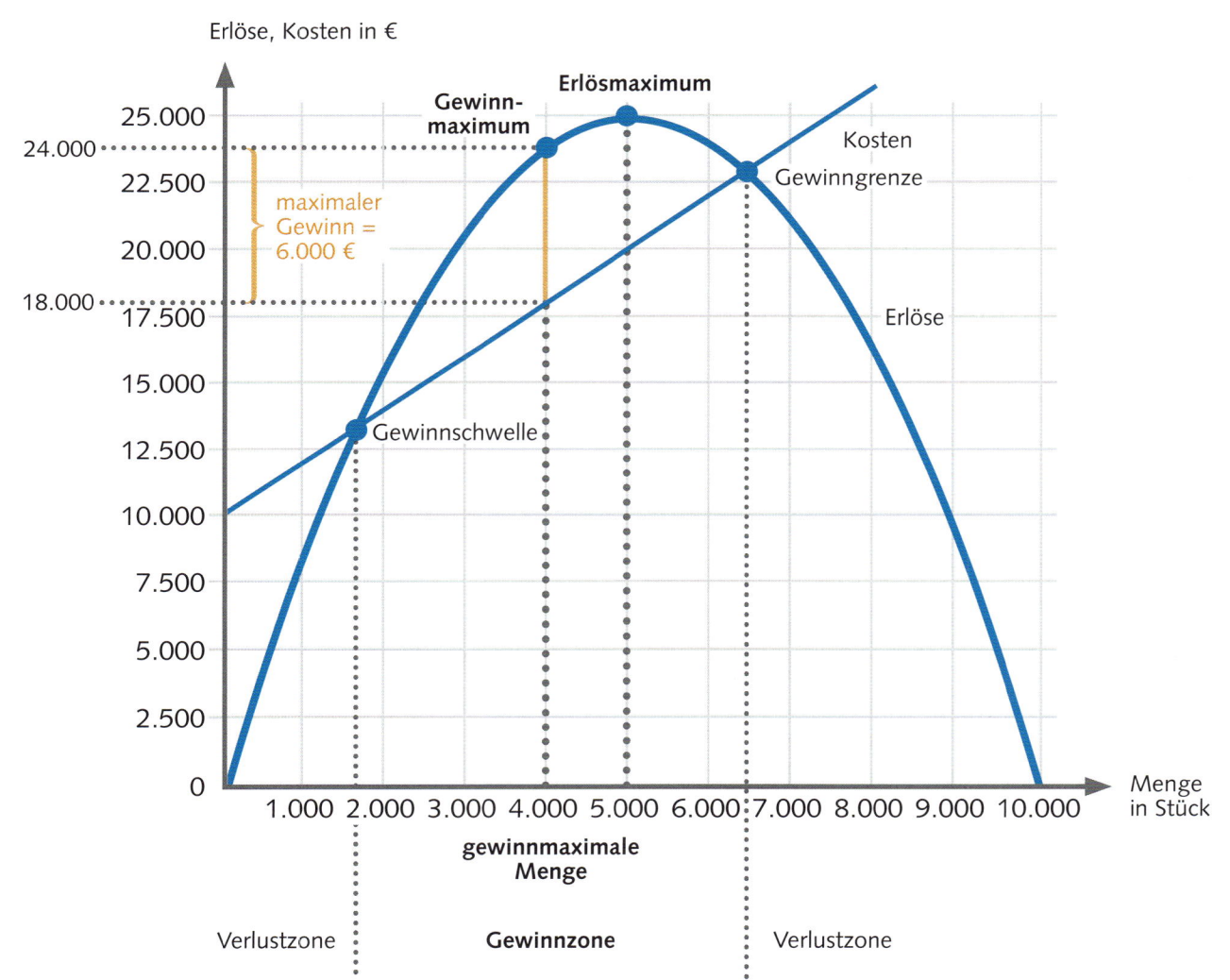

Die **gewinn**maximale Menge beträgt 4.000 Tabletten, die **erlös**maximierende Menge beläuft sich auf 5.000 Tabletten.

Der zur gewinnmaximalen Menge von 4.000 Tabletten gehörende Preis lässt sich nicht in dieser Grafik ablesen, weil es sich um eine Gesamtbetrachtung handelt. Laut Preis-Absatz-Beziehung müsste der Monopolist einen Preis von 6,00 € verlangen, um genau 4.000 Tabletten zu verkaufen.

B LERNSITUATION
Preisentscheidungen des Angebotsmonopolisten tabellarisch und grafisch darstellen

SITUATIONSBESCHREIBUNG *Einstieg in die Lernsituation*

Die MEGASTAR GmbH organisiert europaweit Konzerte. Zu den wichtigsten Konzerten des Jahres zählt Rock am See im Bodenseestadion in Konstanz. Ende August ist es wieder so weit, es konnten einige hochkarätige Musikgruppen und Interpreten verpflichtet werden. Dieses Jahr möchte die Geschäftsleitung ein besonders gutes Ergebnis erzielen. Die beiden Eventmanager Dreher und Beck sollen den Eintrittspreis festlegen.

Material 1:
Aus der Kostenrechnung liegen für das Konzert folgende Angaben vor:
(1) Gage für die auftretenden Musiker .... 200.000 €
(2) Kosten für Bühnenbau und Technik .... 120.000 €
(3) Miete für Bodenseestadion .... 80.000 €
(4) Personalkosten für die Verwaltung .... 30.000 €
(5) Kosten für Werbung .... 20.000 €
(6) Abgabe an Stadtwerke je Zuschauer für Müllentsorgung,
    öffentliche Toilettenbereitstellung, öffentliche Verkehrsmittel .... 16 €
(7) Kosten für den Sicherheitsdienst je 100 Zuschauer .... 400 €

Das Fassungsvermögen des Bodenseestadions in Konstanz beträgt 35.000 Zuschauer.

Material 2:
Die Erfahrungen des Vorjahres und die Umfrage eines Marktforschungsinstituts lassen bei unterschiedlichen Eintrittspreisen folgende Zuschauerzahlen erwarten:

Preis (p) in €	0	10	20	30	40	50	60	70	80	90	100
Zuschauer (x) in Tausend	50	45	40	35	30	25	20	15	10	5	0

Welchen Eintrittspreis soll die MEGASTAR GmbH festlegen, um ihr Ziel zu erreichen?

Hilfsfrage: Handelt es sich im vorliegenden Fall tatsächlich um ein Angebotsmonopol?

? Erkenntnisleitende Fragestellung für diese Lernsituation:
Nach welchen Überlegungen setzt der Angebotsmonopolist seine Preise fest?

10 Preisentscheidungen des Angebotsmonopolisten

AUFTRÄGE

Übergreifender Handlungsauftrag mit Handlungsprodukt:

Sie sind Mitglied im Team Dreher (Gruppe A) bzw. im Team Beck (Gruppe B). Ihre Aufgabe ist jeweils den „besten" Preis für eine Eintrittskarte festzulegen. *Erstellen* Sie für die Geschäftsleitung eine zusammenfassende Übersicht, welche die Preisentscheidungen des Angebotsmonopolisten darstellt.

Handlungsaufträge:

1. Die beiden Eventmanager Dreher und Beck verfolgen unterschiedliche Ziele:

Eventmanagerin Dreher …	Eventmanager Beck …
… möchte die Tickets „zu einem möglichst hohen Preis verkaufen, um die günstige Marktlage auszunutzen."	… möchte die Tickets „zu einem möglichst geringen Preis verkaufen, um hohe Einnahmen zu erzielen."

Bestimmen Sie in Ihrer Gruppe den Eintrittspreis, der die jeweilige Zielsetzung erfüllt.

Halten Sie Ihre Überlegungen für eine Präsentation in schriftlicher Form fest.

2. Nachdem sich die beiden Eventmanager nicht auf einen Preis einigen können, meldet sich der Verkaufsleiter der MEGASTAR GmbH Leitmeier mit folgendem Schreiben zu Wort:

> Sehr geehrte Frau Dreher, sehr geehrter Herr Beck
>
> Nachdem die Veranstaltung Rock am See im Vorjahr auch wegen dem geringen Zuschauerinteresses keine nachhaltige Wirkung in der Region verzeichnen konnte, sollten wir dieses Jahr unbedingt darauf achten, dass das Bodenseestadion unter Beachtung unserer ökonomischen Ziele gut bis sehr gut gefüllt ist. Ich bitte Sie bis zum 15. Mai um einen begründeten **Preisvorschlag.**
>
> Ermitteln Sie zudem die sich bei diesem Eintrittspreis ergebenden Werte folgender Größen: **Zuschauer, Umsatzerlöse, Kosten, Gewinn, Stadionauslastung in %**
>
> Mit freundlichen Grüßen
>
> Dr. Franz Leitmeier
>
> Konstanz, 8. Mai 20..

Entscheiden Sie sich für den Preis, den Sie dem Verkaufsleiter empfehlen.

Begründen Sie Ihren Preisvorschlag und *ermitteln* Sie die von Leitmeier gewünschten Größen.

3. Gehen Sie jetzt davon aus, dass die MEGASTAR GmbH einen möglichst hohen Gewinn erzielen möchte. Das Ziel der **Gewinnmaximierung** soll durch die Festlegung des Eintrittspreises **(= Preisfixierer)** erreicht werden.

   Ermitteln Sie mithilfe der nachfolgenden Tabellenvorlage

   - den gewinnmaximalen Eintrittspreis
   - die daraus resultierende Zuschauerzahl sowie
   - den maximalen Gewinn.

Preis (p) in €	Zuschauer (x)	Erlöse in €	Kosten in €	Gewinn/Verlust in €
100	0			
90	...			
...	...			
0	50.000			

Beurteilen Sie die Preisfestlegung der MEGASTAR GmbH aus Sicht der Zuschauer.

Zusatzaufgaben zu 3:

1. *Zeichnen* Sie mithilfe der Tabellenwerte aus Aufgabe 3 die Kostengerade und die Erlöskurve in ein Koordinatensystem.

   Hinweise für die Erstellung des Koordinatensystems:
   x-Achse: 12 cm breit; 1 cm = 5.000 Zuschauer; y-Achse: 12 cm hoch; 1 cm = 100.000 €

2. *Kennzeichnen* Sie im Koordinatensystem das Gewinnmaximum mit der Ziffer ① sowie den Gewinn mit der Ziffer ②.

3. *Überlegen* Sie unter Zuhilfenahme Ihrer Grafik, bei welchen Zuschauerzahlen der Veranstalter Gewinn erzielt **(= Gewinnzone)** und bei welchen Zuschauerzahlen Verlust **(= Verlustzone)**.

> **Was bedeuten *Gewinnschwelle* und *Gewinngrenze*?**
>
> **INFO** An der Gewinnschwelle (= break-even-point) wird die Gewinnzone erreicht.
> An der Gewinngrenze wird die Gewinnzone verlassen.
> Der Monopolist erzielt mit dem an der Gewinnschwelle bzw. mit dem an der Gewinngrenze festgelegten Preis einen Gewinn von 0.

4. *Kennzeichnen* Sie im Koordinatensystem das **Erlösmaximum** mit der Ziffer ③, die **Gewinnschwelle** mit der Ziffer ④ sowie die **Gewinngrenze** mit der Ziffer ⑤.

C ÜBUNGSAUFGABEN

10.1 ERLÖS-, KOSTEN- UND GEWINNSITUATION BEIM ANGEBOTSMONOPOLISTEN DARSTELLEN

Der einzige Hersteller von Pommes-Automaten beabsichtigt die Markteinführung. Verantwortlich für die große Zuversicht in den Erfolg dieser neuartigen Erfindung ist die Tatsache, dass mittlerweile die Pommes alle gleich lang, außen viel härter und innen gut gefüllt sind. Zur Zielgruppe zählen u. a. Sportanlagen und Schulen. Folgende Daten liegen vor:

- Fixe Kosten (monatlich) .... 1 Mio. €
- Variable Kosten je Automat .... 1.000 €
- Kapazität (monatlich) .... 6.000 Stück

Monatliches Nachfrageverhalten (Preis-Absatz-Beziehung):

Preis	0	500	1.000	1.500	2.000	2.500	3.000	3.500	4.000
Menge	8.000	7.000	6.000	5.000	4.000	3.000	2.000	1.000	0

1. *Berechnen* Sie den monatlichen Gewinn, der bei einem Preis von 3.000 € erzielt wird.

2. *Ermitteln* Sie mithilfe der gegebenen Tabellenvorlage die folgenden Werte:
    - gewinnmaximaler Preis und maximaler Gewinn
    - erlösmaximaler Preis und maximaler Erlös
    - Gewinnschwelle und Gewinngrenze

Preis (p) in €	Menge (x) in Stück	Erlöse in €	Kosten in €	Gewinn/Verlust in €
0	8.000			
500	7.000			
1.000				
...	...	...	...	...
4.000	0			

3. *Stellen* Sie den Verlauf der Erlöse und der Kosten mithilfe einer Grafik dar.
   Überprüfen Sie anhand der Grafik die in Aufgabe 2 ermittelten Werte.

4. *Beurteilen* Sie, ob der Staat bei diesem Monopol eingreifen sollte.

10.2 AUSWAHLANTWORTEN ZUM MONOPOL PRÜFEN

Begründen Sie jeweils, welche der vier Aussagen richtig ist.

A: Welche Größe kann der Angebotsmonopolist festlegen?
 (1) nur die Menge
 (2) den Preis und die Menge
 (3) nur den Preis
 (4) den Preis oder die Menge

B: Wie verändern sich die Erlöse, wenn der Preis schrittweise erhöht wird?
 (1) nimmt zu
 (2) nimmt ab
 (3) nimmt zuerst zu, dann ab
 (4) nimmt zuerst ab, dann zu

10.3 PREISENTSCHEIDUNGEN EINES PHARMAUNTERNEHMENS AUS ZIELVORGABEN ABLEITEN

Ein Pharmaunternehmen hat ein Medikament patentieren lassen, das die Bildung von Blutgerinnseln hemmt und dadurch Herzinfarkte sehr wirksam vermeiden kann. Für die ersten sechs Monate soll der Preis je Tablette festgelegt werden. Maximal könnten in diesem Zeitraum 16.250 Tabletten hergestellt werden. Folgende Werte sind gegeben:

Preis (p) in €	Menge (x) in Stück	Erlöse in €	Kosten in €	Gewinn/Verlust in €
60,00	0	0	④	–10.000
55,00	2.500	137.500	35.000	102.500
50,00	②	250.000	60.000	190.000
45,00	7.500	337.500	85.000	252.000
①	10.000	400.000	110.000	290.000
35,00	12.500	437.500	135.000	⑥
30,00	15.000	450.000	⑤	290.000
25,00	17.500	③	185.000	252.000

1. *Ermitteln* Sie unter Angabe des Rechenweges die in der Tabelle fehlenden Werte.
2. *Begründen* Sie, bei welchem Preis jeweils die nachfolgenden Ziele erreicht werden:

(1) Der Gewinn wird maximiert.	(2) Der Erlös wird maximiert.
(3) Die Gewinnschwelle wird überschritten.	(4) Die Produktion ist voll ausgelastet.

Zusatzaufgaben zu 10.3:

Stellen Sie den Verlauf der Erlöse, der Kosten und des Gewinns bzw. Verlustes grafisch in einem Koordinatensystem dar.

10.4 DISKUSSION ZUM STAATLICHEN VERBOT VON MONOPOLEN FÜHREN

Folgende Behauptung soll diskutiert werden:

„Monopole sind schädlich und sollten grundsätzlich verboten werden."

Bereiten Sie sich mithilfe der Ihnen vorliegenden Materialien auf eine Diskussion vor. *Bilden* Sie eine Pro- und eine Kontragruppe mit je vier Teilnehmern und diskutieren Sie nach folgendem Muster:

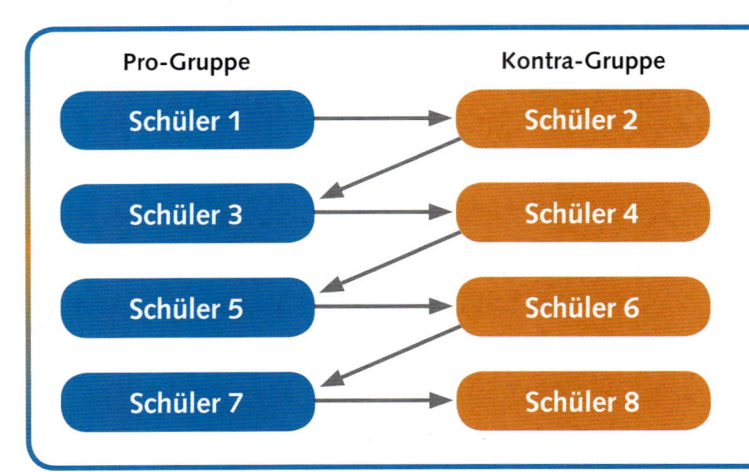

Pro-Gruppe: Schüler 1, Schüler 3, Schüler 5, Schüler 7
Kontra-Gruppe: Schüler 2, Schüler 4, Schüler 6, Schüler 8

Ablauf der Pro- und Kontra-Methode:

Schüler 1 erläutert gegenüber Schüler 2 ein Argument, welches die obige Aussage unterstützt.

Schüler 2 greift das Argument von Schüler 1 auf, versucht es zu widerlegen und formuliert gegenüber Schüler 3 ein neues Argument

Schüler 3 greift das Argument von Schüler 2 auf, versucht es zu widerlegen und … usw.

Die nicht diskutierenden Schüler beobachten die Diskussion aufmerksam nach zuvor vereinbarten Fragestellungen: z. B. Argumente, Stimmeinsatz, Körpersprache und geben danach eine Rückmeldung.

Formulieren Sie Ihre persönliche Meinung zur Frage, ob Monopole gefährlich sind.

Kompetenzbereich

Wirtschaftliches Handeln in der Sozialen Marktwirtschaft analysieren

11

UNTERRICHTSEINHEIT 11:
VERHALTENSWEISEN DER ANBIETER BEIM OLIGOPOL

Kompetenzbeschreibung des Lehrplanes:

„Im Rahmen der Preisbildung beim Angebotsoligopol grenzen die Schülerinnen und Schüler kooperatives und nichtkooperatives Anbieterverhalten voneinander ab (Verdrängungswettbewerb, Preisstarrheit, Preisführerschaft, Preisabsprachen). Sie begründen situationsbezogen, unter welchen Voraussetzungen solche Verhaltensweisen als erfolgsversprechend einzustufen sind."

Freiburger Münsterplatz: Wie viel € soll eine „Lange Rote" kosten?

Anbieter	Preise
Lange Rote	€ 2,50
Bratwurst	€ 2,50
Currywurst mit heißer Soße	€ 2,80
Lange Rote	2,50 €
Kurze Rote	2,50 €
Bratwurst	2,50 €
Currywurst	2,80 €
Lange Rote	2,20 €
Weiße ohne Haut	2,20 €
Currywurst	2,50 €
1 Paar Merguez	2,50 €
Freiburger Lange Rote	€ 2,50
Kalbsbratwurst ohne Haut	€ 2,20
Rindswurst	€ 2,50
Currywurst	€ 2,50

A Grundlagenwissen 114
B Lernsituation
   Verhaltensweisen der Anbieter beim Oligopol kennzeichnen 116
C Übungsaufgaben 118

11 VERHALTENSWEISEN DER ANBIETER BEIM OLIGOPOL

A GRUNDLAGENWISSEN

Das Angebotsoligopol ist diejenige Marktform, die am ehesten die Wirklichkeit auf Konsumgütermärkten widerspiegelt. Auf solchen Märkten treffen wenige, meistens große Unternehmen (= Oligopolisten) auf viele Konsumenten (Nachfrager).

MERKE: Die Marktform **Angebotsoligopol** liegt vor, wenn es auf einem Markt nur wenige Anbieter gibt, denen **viele** Nachfrager gegenüberstehen.

Die wenigen Anbieter verfügen gegenüber den vielen Nachfragern über eine relativ starke **Marktmacht.** Inwieweit die Nachfrager dadurch unangemessen benachteiligt werden (z. B. höhere Preise), hängt u. a. von den Verhaltensweisen der Oligopolisten ab.

Auf oligopolistischen Märkten liegen im Normalfall nicht alle Voraussetzungen des **vollkommenen Marktes** vor. Die Produkte weisen Qualitätsunterschiede auf, die Nachfrager haben persönliche Präferenzen oder die vollständige Marktübersicht ist nicht gegeben. Aus diesem Grund gibt es für diese Güter keinen einheitlichen Preis, sondern die Anbieter können innerhalb einer bestimmten Bandbreite unterschiedliche Preise verlangen.

BEISPIEL: Der Markt für Fußballschuhe stellt ein Angebotsoligopol dar, weil wenige Anbieter (z. B. Adidas, Nike) viele Fußballspieler mit Fußballschuhen versorgen. Dieser Markt ist unvollkommen, weil die Fußballschuhe der einzelnen Anbieter aus Sicht der Kunden Qualitätsunterschiede (z. B. Material, Passform) aufweisen. Viele Fußballspieler kaufen die Fußballschuhe in ihrem Stammgeschäft und bevorzugen eine bestimmte Marke. Zudem kennen die Fußballspieler zum Zeitpunkt des Kaufs nicht alle Preise in anderen Geschäften der Region.

Für jeden Oligopolisten kommt der zu wählenden Preisstrategie eine große Bedeutung zu. Die Preispolitik wird durch drei Bestimmungsfaktoren – den drei **K**'s – maßgeblich beeinflusst:

Kosten 
Materialkosten, Personalkosten, Miete, Energiekosten, Werbung etc.

Kunden 
Zahlungsbereitschaft der Kunden, die sich nach deren Bedürfnis bzw. deren Kaufkraft richtet

Konkurrenten 
Anzahl, Größe und Preispolitik der Mitbewerber, die ein ähnliches Produkt anbieten

11 Verhaltensweisen der Anbieter beim Oligopol

> **MERKE:** Die Oligopolisten berücksichtigen bei der Festlegung ihrer Preise (Preispolitik) die anfallenden Kosten, die Zahlungsbereitschaft der Kunden sowie die Aktionen und erwarteten Reaktionen der Konkurrenten.

Im Falle einer **Preissenkung** eines Anbieters werden die übrigen Anbieter vermutlich eine geringere Menge (Absatz) verkaufen. Aus diesem Grund werden diese Anbieter ihre Preise mit hoher Wahrscheinlichkeit ebenfalls senken. Als Folge würde sich die Situation für alle Oligopolisten verschlechtern, da diese eine nahezu unveränderte Menge zu niedrigeren Preisen verkaufen.

Bei einer **Preiserhöhung** eines Anbieters wird dieser deutlich weniger verkaufen, wenn die übrigen Anbieter ihre bisherigen Preise beibehalten. Nur für den Fall, dass alle Anbieter nachziehen und ebenfalls ihre Preise erhöhen sowie die Nachfrager nicht zu „empfindlich" auf die höheren Preise reagieren, können die Gewinne der Oligopolisten steigen.

Auf oligopolistischen Märkten lassen sich unter den Anbietern häufig **zwei verschiedene Verhaltensweisen** beobachten:

kooperatives Verhalten

Verzicht auf Preiswettbewerb

- **Preisstarrheit:** Die Preise bleiben über einen längeren Zeitraum unverändert.

- **Preisführerschaft:** Preiserhöhungen werden zuerst durch einen Anbieter vorgenommen. Die übrigen Anbieter ziehen dann innerhalb relativ kurzer Zeit nach und erhöhen ebenfalls ihre Preise. Dieses gesetzlich nicht zulässige **Parallelverhalten** ist häufig bei kostenbedingten Preiserhöhungen (z. B. höhere Rohstoffkosten) zu beobachten.

- **Preisabsprachen:** Absprachen über Preise **(Preiskartell)** und/oder über Produktionsmengen **(Quotenkartell)** ermöglichen den Oligopolisten eine gemeinsame Gewinnmaximierung. **Kartelle** sind aber gesetzlich verboten, da sie den Wettbewerb beschränken bzw. ausschalten.

nicht-kooperatives Verhalten

Aufnahme eines aggressiven Preiskampfes

Ein Oligopolist verringert seinen Preis, die übrigen Anbieter ziehen nach und ein ständiger Preisunterbietungsprozess könnte sich entwickeln. Ein solcher **Preiskrieg** (= ruinöser Wettbewerb) führt zu Verlusten für alle beteiligten Unternehmen. Am Ende könnte sich das Unternehmen mit den geringsten Stückkosten und/oder den höchsten finanziellen Reserven durchsetzen und eine monopolähnliche Stellung einnehmen **(Verdrängungswettbewerb)**.

Häufig „ruht" der Preiswettbewerb und die Anbieter versuchen stattdessen mithilfe von **anderen wettbewerbspolitischen Maßnahmen** (z. B. Qualität, Werbung, Service) Kunden für sich zu gewinnen.

11 Verhaltensweisen der Anbieter beim Oligopol

B LERNSITUATION
Verhaltensweisen der Anbieter beim Oligopol kennzeichnen

SITUATIONSBESCHREIBUNG — Einstieg in die Lernsituation

Johannes geht gerne mit seinen Freunden auf den Freiburger Münsterplatz, um die leckeren Bratwürste zu essen. Bisher verlangten alle Anbieter von Bratwürsten den gleichen Preis. Doch seit dem letzten Besuch hat sich dies geändert, es gibt nun rund um das Freiburger Münster für Bratwürste drei unterschiedliche Preise. Johannes ist irritiert, denn eigentlich dürfte es bei einem solchen „vollkommenen Wettbewerb" keine so großen Preisunterschiede geben. In der Zeitung stößt Johannes zufällig auf einen Bericht, der sich auf diese neue Marktsituation bezieht und einige Erklärungsansätze beinhaltet.

Preiskampf um die „Münsterwurst"

Fünf Anbieter der Freiburger Münsterwurst haben ihre Preise erhöht. 14 % mehr kostet die Lange Rote nun. Damit beginnt ein Preiskampf – nicht alle ziehen bei der Erhöhung mit.

Sie ist Freiburgs heißgeliebtes Wahrzeichen: die Lange Rote vom Münsterplatz. Jetzt ist die Grillwurst teurer geworden. Fünf Anbieter, die derzeit auf der Nordseite stehen, haben um 0,30 € auf 2,50 € erhöht. Sie begründen den Schritt mit allgemeinen Preissteigerungen. Auf der anderen Seite des Münsters gelten an zwei Ständen andere, günstigere Tarife. Erstmals wird die klassische Münsterwurst damit zu drei unterschiedlichen Preisen angeboten.

Fast 14 % mehr für die Wurst verlangen jetzt die traditionellen Anbieter Hassler, Hauber, Uhl und Meier, die schon seit Jahrzehnten die Lange Rote auf dem Münsterplatz anbieten. Auch Dirk Licht, einer der Neuen auf dem Platz, verlangt nun 2,50 €.

„Alles wird teurer und Qualität hat eben ihren Preis", sagt Licht. Auch die Regiokarte sei ja gerade wieder teurer geworden. Bei den Kunden stoße man vorwiegend auf Verständnis, berichten Licht und die Kollegen nebenan. …

Zum letzten Mal war an der Preisschraube für die Lange Rote im August 2010 gedreht worden. Damals hatten die Anbieter von 2,00 auf 2,20 € erhöht, nachdem die Freiburg Wirtschaft Touristik und Messe bei den Standmieten um 45 % aufgeschlagen hatte. Aktuell sind die Mieten stabil, heißt es bei der FWTM.

Die neuen Wurstpreise werden von der Kundschaft unterschiedlich aufgenommen. „Die Lange Rote schmeckt super und die ist auch mit 2,50 € nicht zu teuer. Immer noch billiger als ein Kaffee", sagt eine Stammkundin, nachdem sie sich an Meiers Wurststand eingedeckt hat. Ralf Rodermann, auch er ein regelmäßiger Wurstabnehmer, zeigt ein gewisses Verständnis für den Aufschlag. Aber gleich 0,30 € – diesen Sprung hält er für eine Frechheit. …

Nicht alle Wurstbräter haben den Preisanstieg mitgemacht – es herrscht ein Nord-Süd-Gefälle rund ums Münster. Der Endinger Metzger Peter Dirr verlangt an seinem Wagen, der derzeit auf der Südseite steht, weiter 2,20 € als Verkaufspreis. Und nebenan hält Paul Hämmerle weiter eisern glatt die 2,00 €. „Ich sehe im Moment keine Veranlassung zu erhöhen", erklärt der Elztäler, der auch als Einziger bei der Wurststandrotation mit monatlichem Weiterrücken nicht mitmacht und durchgehend auf Süd steht. Er kenne die Kostenblöcke der Kollegen nicht, deswegen wolle er sich zu deren Preispolitik nicht äußern. Die Schlange zur Mittagszeit am Hämmerle-Stand jedenfalls war am Freitag sehr lang. …

Quelle Badische Zeitung, Freiburg; 9. August 2014

Welche Erklärung gibt es dafür, dass sich in Freiburg auf dem Münsterplatz die Preise für Bratwürste so unterschiedlich entwickelt haben? Begründen Sie auch, um welche Marktform es sich im vorliegenden Fall handelt.

? Erkenntnisleitende Fragestellung für diese Lernsituation:
Welche Faktoren beeinflussen die Verhaltensweisen von Anbietern auf oligopolistischen Märkten?

AUFTRÄGE

Übergreifender Handlungsauftrag mit Handlungsprodukt:

Erklären Sie aus der Sichtweise der Verbraucher, worauf die unterschiedlichen Verhaltensweisen der Anbieter beim Oligopol zurückzuführen sind. *Erstellen* Sie hierzu eine zusammenfassende Übersicht.

Handlungsaufträge:

1. *Lesen* Sie den Zeitungsartikel und arbeiten Sie die wesentlichen Aussagen heraus.
   Erstellen Sie mithilfe der im Text unterstrichenen Begriffe eine Übersicht, welche die Lage auf dem Freiburger Münsterplatz darstellt.

   Zusatzaufgaben:
   Anbieter Hauber verkauft seit der Preiserhöhung deutlich weniger Bratwürste, kann jedoch den Preis aus Kostengründen nicht wieder senken. Beschreiben Sie vier Maßnahmen, mit denen es Hauber trotzdem gelingen könnte, wieder mehr Bratwürste zu verkaufen.

2. Die Anbieter Hassler, Dirr und Hämmerle beraten sich im November 2014 über die neue Wettbewerbssituation auf dem Freiburger Münsterplatz. Die Wurstbräter möchten die Frage klären, ob sie in irgendeiner Weise kooperieren, also zusammenarbeiten sollen.

   Führen Sie in verteilten Rollen dieses Gespräch und *halten* Sie die Inhalte bzw. Ergebnisse *fest*.

3. Die Preisgestaltung der Anbieter beim Oligopol lässt sich nach vier Erscheinungsformen unterscheiden:

Preisstarrheit	Preisführerschaft	Preisabsprache	Preiskampf

   - *Prüfen* Sie mithilfe des vorliegenden Zeitungsartikels, welche Preisstrategien die Anbieter von Bratwürsten auf dem Freiburger Münsterplatz von August 2010 bis August 2014 gezeigt haben.
   - *Unterscheiden* Sie die vier Erscheinungsformen nach dem Merkmal „kooperativ" bzw. „nicht kooperativ".

4. Im März 2015 kommt es zu einem Treffen aller sechs Anbieter, die auf dem Freiburger Münsterplatz Bratwürste verkaufen. Wiederum soll die Frage geklärt werden, in welcher Weise ein abgestimmtes Verhalten erfolgen könnte. Folgende Varianten werden diskutiert:

Variante A	Variante B	Variante C
Jeder Anbieter legt seine Preise eigenständig fest.	Alle Anbieter erhöhen die Preise auf 3,00 €.	Alle Anbieter senken die Preise auf 1,90 €.

   - *Begründen* Sie, für welche Variante Sie sich als Anbieter einsetzen würden.
   - *Beurteilen* Sie jeweils die Folgen für die Kunden und untersuchen Sie, inwieweit dies einen staatlichen Eingriff erfordert.

5. Johannes führt im August 2016 auf dem Freiburger Münsterplatz eine Preiserhebung für Grillwürste durch. Folgende Preise je Grillwurst werden von den Anbietern verlangt:

Hassler	Hauber	Uhl	Meier	Dir	Hämmerle
2,50 €	2,50 €	2,50 €	2,50 €	2,20 €	kein Angebot

   Kommentieren Sie die aktuelle Marktsituation unter Zuhilfenahme der bisherigen Ergebnisse.

C ÜBUNGSAUFGABEN

11.1 VERHALTENSWEISEN VON ZWEI ANBIETERN UNTERSUCHEN

Rund um das Ulmer Münster bieten zwei Wurstbräter jeden Werktag (Montag bis Samstag) Grillwürste an. Die Anbieter Stoll und Lenz verlangen zurzeit jeweils 2,60 € je Grillwurst. Im Einkauf bezahlen beide Anbieter 0,30 € je Grillwurst. Beide Anbieter gehen bei zwei unterschiedlichen Preisen von folgender täglicher Gewinnsituation aus:

	Preis je Grillwurst	Anbieter Lenz 2,60 €	Anbieter Lenz 3,00 €
Anbieter Stoll	2,60 €	200 € Gewinn für Lenz / 200 € Gewinn für Stoll	50 € Gewinn für Lenz / 500 € Gewinn für Stoll
	3,00 €	500 € Gewinn für Lenz / 50 € Gewinn für Stoll	400 € Gewinn für Lenz / 400 € Gewinn für Stoll

1. *Berechnen* Sie, welchen Gewinn die beiden Wurstbräter in einer Woche erzielen.

2. *Begründen* Sie, um welche Marktform es sich im vorliegenden Fall handelt.

3. Beide Wurstbräter sind mit der derzeitigen Gewinnsituation unzufrieden und überlegen sich, den Preis je Grillwurst auf 3,00 € zu erhöhen.

   Beurteilen Sie auf der Grundlage der vorliegenden Informationen die Aussichten der beiden Anbieter, ihre Gewinne dauerhaft zu erhöhen.

4. Anbieter Stoll erwägt, den Preis je Grillwurst auf 2,00 € zu senken.

   Prüfen Sie, ob diese Preissenkung dem Anbieter Stoll empfohlen werden kann.
   Unterscheiden Sie dabei eine kurzfristige und längerfristige Sichtweise

5. *Erläutern* Sie vier weitere Maßnahmen, mit denen es dem Wurtsbräter Stoll gelingen könnte, mehr Kunden an sich zu binden.

6. *Erklären* Sie für den vorliegenden Fall, von welchen Bestimmungsfaktoren die Preispolitik der beiden Anbieter abhängt.

7. *Beurteilen* Sie die Folgen der beiden nachfolgenden Veränderungen auf dem Ulmer Münsterplatz aus der Sicht der Verbraucher.

   a) Geschäftsaufgabe von Anbieter Lenz.

   b) Drei Wurstbräter treten zusätzlich als Anbieter auf.

11.2 OLIGOPOLISTISCHE MÄRKTE KENNZEICHNEN

Kennzeichnen Sie die beiden nachfolgenden Märkte.

Folgende *Leitfragen* können hilfreich sein:

- Welche Anbieter bzw. welche Nachfrager gibt es auf diesem Markt?
- Welche Bedeutung hat der Markt für mich persönlich?
- Wie verhalten sich die Anbieter auf dem Markt?
- Wie stark ist die Marktmacht der Nachfrager?

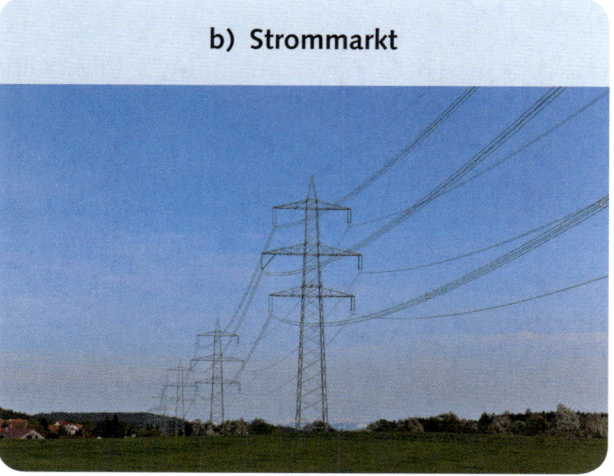

a) Benzinmarkt

b) Strommarkt

11.3 AUSWAHLANTWORTEN ZUM OLIGOPOL ÜBERPRÜFEN

Begründen Sie jeweils, welche der vier Aussagen richtig ist.

A: Gibt es das Oligopol überhaupt in der Wirklichkeit?
(1) Nein, es ist ein Modell.
(2) Ja, in einigen wenigen Fällen.
(3) Ja, sogar sehr häufig.
(4) Ja, alle Märkte sind oligopolistisch.

B: Welche Größe bleibt in „friedlichen" Zeiten eher unverändert?
(1) Qualität
(2) Preis
(3) Werbung
(4) Service

11.4 OLIGOPOLISTISCHE MÄRKTE DER AUSBILDUNGSBETRIEBE KENNZEICHNEN

Prüfen Sie, ob sich Ihr Ausbildungsbetrieb auf oligopolistischen Märkten befindet und *kennzeichnen* Sie die Verhaltensweisen der Marktteilnehmer.

a) Auf Absatzmärkten, also im Verkauf gegenüber Kunden.
b) Auf Beschaffungsmärkten, also im Einkauf gegenüber Lieferanten.

BILDQUELLEN

adidas Group, Herzogenaurach, S. 114/2

Axel Springer Syndication GmbH ullstein bild, Berlin, S. 49/1

Bayer, Petra, Hohberg, S. 42/2, S. 103, S. 113

Bundeskartellamt, Bonn, S. 68

City Partner Offenburg e.V., Offenburg, S. 60

Deutsche Börse AG, Frankfurt, S. 71

dpa Picture-Alliance GmbH, Frankfurt, S. 12, S. 13, S. 25, S. 35, S. 39, S. 46, S. 48/1–2, S. 53/1–2, S. 74, S. 85

Fotolia.com, Berlin, S. 7/5 © goldbany, S. 7/6 © cristovao31, S. 21/1 © ksena32, S. 29/1 © Björn Wylezich, S. 29/2 © alter_photo, S. 29/3 © emuck, S. 38/1 © adrian_ilie825, S. 38/2 © Jürgen Fälchle, S. 38/3 © vege, S. 38/4 © tomas, S. 41/1 © McCarony, S. 42/1 © Andrey Popov, S. 43/1 © Smatch, S. 45/1 © Rawpixel.com, S. 45/2 © industrieblick, S. 51/1 © Zerbor, S. 51/2 © VRD, S. 51/3 © Martina Orlich, S. 51/4 © liole, S. 52/1© fotomek, S. 55/1 © maranso, S. 59/1 © fotomek, S. 63/1 © style-photography, S. 64/1 © ioannis kounadeas, S. 64/3 © kolibra, S. 65/1 © akf, S. 72/1 © Klaus Eppele, S. 93/1 © sunt, S. 94/1 © fotomekt, S. 94/2 © ag visuell, S. 94/3 © Giuseppe Porzani

Glücklicher Montag, AGM Leipzig GmbH, Leipzig, S. 69/2 © AGM Leipzig GmbH – Schwarwel

MEV Agency UG, Augsburg, S. 7/1–4 + 7, S. 42/1, S. 69/1, S. 98/1, S. 119/1–2

Nike Austria, Germany, Schwitzerland, Hamburg, S. 114/3

Shutterstock, Inc., New York, S. 64/2 © Andrjuss, S. 82/1 © g-stockstudio

Schwalme, Reiner, Lübbenau, S. 57, S. 69/2

Tourismus & Events Ludwigsburg, Ludwigsburg, S. 82/2 Ludwigsburger Wochenmarkt